U0054134

國民主權
People Sovereignty

王志宏／著

孟樊／策劃

出版緣起

　　社會如同個人，個人的知識涵養如何，正可以表現出他有多少的「文化水平」（大陸的用語）；同理，一個社會到底擁有多少「文化水平」，亦可以從它的組成分子的知識能力上窺知。眾所皆知，經濟蓬勃發展，物質生活改善，並不必然意味著這樣的社會在「文化水平」上也跟著成比例的水漲船高，以台灣社會目前在這方面的表現上來看，就是這種說法的最佳實例，正因為如此，才令有識之士憂心。

　　這便是我們──特別是站在一個出版者的立場──所要擔憂的問題：「經濟的富裕是否也使台灣人民的知識能力隨之提升了？」答案恐怕是不太樂觀的。正因為如此，像《文化手邊冊》這樣的叢書才值得出版，也應該受到重視。蓋一個社會的「文化水平」既

然可以從其成員的知識能力（廣而言之，還包括文藝涵養）上測知，而決定社會成員的知識能力及文藝涵養兩項至為重要的因素，厥為成員亦即民眾的閱讀習慣以及出版（書報雜誌）的質與量，這兩項因素雖互為影響，但顯然後者實居主動的角色，換言之，一個社會的出版事業發達與否，以及它在出版質量上的成績如何，間接影響到它的「文化水平」的表現。

　　那麼我們要繼續追問的是：我們的出版業究竟繳出了什麼樣的成績單？以圖書出版來講，我們到底出版了那些書？這個問題的答案恐怕如前一樣也不怎麼樂觀。近年來的圖書出版業，受到市場的影響，逐利風氣甚盛，出版量雖然年年爬升，但出版的品質卻令人操心；有鑑於此，一些出版同業為了改善出版圖書的品質，進而提升國人的知識能力，近幾年內前後也陸陸續續推出不少性屬「硬調」的理論叢書。

　　這些理論叢書的出現，配合國內日益改革與開放的步調，的確令人一新耳目，亦有助於讀書風氣的改善。然而，細察這些「硬調」書籍的出版與流傳，其中存在著不少問題。首先，這些書絕大多數都屬「舶來品」，不是從歐美「進口」，便是自日本飄洋過海而來，換言之，這些書多半是西書的譯著。其次，這些

書亦多屬「大部頭」著作，雖是經典名著，長篇累牘，則難以卒睹。由於不是國人的著作的關係，便會產生下列三種狀況：其一，譯筆式的行文，讀來頗有不暢之感，增加瞭解上的難度；其二，書中闡述的內容，來自於不同的歷史與文化背景，如果國人對西方（日本）的背景知識不夠的話，也會使閱讀的困難度增加不少；其三，書的選題不盡然切合本地讀者的需要，自然也難以引起適度的關注。至於長篇累牘的「大部頭」著作，則嚇走了原本有心一讀的讀者，更不適合作為提升國人知識能力的敲門磚。

　　基於此故，始有《文化手邊冊》叢書出版之議，希望藉此叢書的出版，能提升國人的知識能力，並改善淺薄的讀書風氣，而其初衷即針對上述諸項缺失而發，一來這些書文字精簡扼要，每本約在六至七萬字之間，不對一般讀者形成龐大的閱讀壓力，期能以言簡意賅的寫作方式，提綱挈領地將一門知識、一種概念或某一現象（運動）介紹給國人，打開知識進階的大門；二來叢書的選題乃依據國人的需要而設計，切合本地讀者的胃口，也兼顧到中西不同背景的差異；三來這些書原則上均由本國學者專家親自執筆，可避免譯筆的詰屈聱牙，文字通曉流暢，可讀性高。更因

為它以手冊型的小開本方式推出，便於攜帶，可當案頭書讀，可當床頭書看，亦可隨手攜帶瀏覽。從另一方面看，《文化手邊冊》可以視為某類型的專業辭典或百科全書式的分冊導讀。

　　我們不諱言這套集結國人心血結晶的叢書本身所具備的使命感，企盼不管是有心還是無心的讀者，都能來「一親她的芳澤」，進而藉此提升台灣社會的「文化水平」，在經濟長足發展之餘，在生活條件改善之餘，國民所得逐日上升之餘，能因國人「文化水平」的提升，而洗雪洋人對我們「富裕的貧窮」及「貪婪之島」之譏。無論如何，《文化手邊冊》是屬於你和我的。

孟　樊

一九九三年二月於台北

序

主權根本上係存在於全體國民的手上，任何團體或個人，不得行使不是明確地來自於國民的權力。故國民主權並非只是一個口號或是一種意識型態，而是普遍存於人類社會，作為實踐基本人權的法原理。因此，在各國憲法中所規定的國民主權原理，並非是制憲者於制憲當時所「創設」出來的，而是對此一人類自始便擁有的真理再一次地予以「確認」！所以，這樣的一個原理，不應是僅具有方針條款的宣示效力而已，更應該是具有拘束各種國家權力行使的客觀價值規範效力。

由於我國自民國七十六年解除戒嚴後，對於一連串為保障人民基本權利所實行的憲政改革措施，政府當局莫不打著「主權在民」的旗幟以爭取人民的認同，

期使整個的憲改過程能獲得正當性。但是，事實上誠
如我們所見到的，民眾對於迄今為止的改革過程並不
十分滿意。儘管如此，民眾對於改革方向與結果亦只
能居於默默承受的地位，除非以理性或非理性的群眾
運動方式表達不滿，以製造輿論壓力，否則大多無力
予以改變執政高層之決定。果如此，則主權在民理念
的落實終將只是夢幻泡影、海市蜃樓罷了。所以，筆
者便在這樣的情況下，興起了探究國民主權原理的念
頭，期望能藉此還原和闡明國民主權原理本所應具有
的真實面貌。

　　而本書的內容，基本上是根據筆者法律研究所的
碩士論文加以增刪修飾而成。其中，除探討國民主權
的發展歷史、本質內涵與相關制度外，亦探討了有關
「制憲權」的問題，期盼藉由學理上的分析，對於此
在近年我國憲政改革過程中所產生的重大爭議，能提
供讀者有一較清楚的認識和瞭解。

　　至於本書之出版，首當感謝現任職於中央研究院
中山人文社會科學研究所法律組之恩師陳新民教授，
若無師之推薦及提攜，則當無成書之可能。再者，更
蒙揚智文化事業公司之總策劃孟樊先生不棄，願將此
書付梓並列入所主編之「文化手邊冊」叢書系列，當

亦深表感謝之意。此外，由於筆者見識淺薄、學植未深，疏漏、論證不周之處在所難免，還望讀者方家不吝指正。

王志宏

目　錄

第一章
緒　論

一、緣起

　　在中國淵遠源長的歷史中，自黃帝建國（B.C. 2698）迄清朝終了為止（A.D. 1911）大約四千六百多年的歲月裡，很遺憾的是，中國人似乎未能清楚地意識到關於「國民主權」這個課題的重要性及其存在的意義。雖然在中國的政治和文化上有相當程度強調所謂的「民本思想」——「民為貴，社稷次之，君為輕」（《孟子‧盡心章句下》），而且於史實上亦有「文景之治」（西漢）、「明章之治」（東漢）、「貞觀之治」（唐）及「開元之治」（唐）等繁榮盛世的出現；儘管如此，

民本思想終究不能牴觸「尊君思想」，否則就是犯了大不諱。是故，中國從遠古至民國肇建前的這段歷史中，實際上只有「君主主權」觀念的存在，而無「國民主權」觀念的存在；若以美國獨立革命與法國大革命作為近代國民主權發軔的時點，則中國足足比西方晚了將近一百多年才瞭解到國民主權的真諦（辛亥革命）。但事實上，在　國父孫中山先生創立了中華民國之後，軍閥的割據及抗日戰爭的爆發，使得國民主權一直未能完全地實踐；抗戰勝利後，國共內戰更造成了兩岸分裂分治的現況。在此，撇開中國大陸的情形不談，而以在台灣的中華民國來說，為了進行動員戡亂大業而實施將近四十年的戒嚴體制，導致作為國家統治權力正當性之國民主權原理受到不當的壓抑和限縮。

　　然慶幸的是，中華民國終於在民國七十六年解除了戒嚴而回歸到正常的憲政體制之下，且嗣後更有一連串憲政改革運動的推行，期望能藉由務實之作法來落實真正的主權在民的主張。但由於朝野彼此間對憲政改革等問題的認知差距過大，導致不斷的衝突和對立而影響國家及社會秩序的安定，除了使人民感到無所適從之外，更造成國民內部的分裂；此外，我們雖

常聽到執政者高喊著主權在民的口號，但隨著黑金政治的惡化和擴大，不禁令人懷疑「國民主權」是否被濫用為政府擄獲民心的工具。面對現今國內憲政的種種現象，在在都促使了吾人想對「國民主權」這個嚴肅的課題作一討論、分析和瞭解。而本書之最終目的，便是希望藉由西方民主國家之憲政發展經驗及相關制度的探討，並參酌各種學說與實務上的見解，來闡明作為人類普遍性原理之「國民主權」的意義和內涵。

　　就現實的政治及社會生活層面而言，凡與人民權利相關之事項，皆可能與國民主權的原則發生聯繫和互動；之所以如此，乃因國民主權本身是一個相當上位的概念，雖然它被實定化於憲法典之中且作為基本價值而存在，但是其所具有的抽象性亦使得這個課題的探討產生了某種困難，尤其在具體的制度面上應該就那些要點予以研究和檢討，也存在著一些疑義。然而，所謂的「國民主權」不外是強調「主權」必須存於「國民」之手且實際上能由國民所行使，而非只是作為宣示或不具實質拘束力之抽象概念，所以本書基本上便是遵循著這一個方向來加以闡述和討論。

二、概述

(一)主權在國內法上的意義

　　主權（Souveraineté, Souveränität）一詞，基本上是在特定的歷史階段，藉由歷史、社會等的對抗關係所形成的對抗觀念，作為表示國家權力之自體。但是就主權演變或發展的過程而言，不論是早期的君主主權或現代基於人權觀念所強調的國民主權，都顯示出主權原理是指示著國家權力──行政權、立法權、司法權等複數統治權力──在「國內」歸屬的法原理，因此如學者所指出的：「憲法學所重視的，當以這種國家的主權歸屬問題為主」[1]。基於這樣的理解，則主權的性質便頗類似物品的「所有權」，只不過此所有權的客體被提升至地區與國家的程度[2]。為此，以法國的一七九一年及一七九三年的憲法為例，在該等憲法有關國民主權之條項中，皆有所謂主權「無時效性」的規定，可以明顯看出大體上是與「所有權不能罹於時效而消滅」之原則相互一致。而我國憲法第 2 條所

稱之「中華民國之主權屬於國民全體」，亦是就主權在國內法上之歸屬所為的規定。

　　另外，主權在國內法的這個側面上，還須注意關於主權是否能被「代表」的問題，因為這是國民主權的核心之一。若就「代表」的法理而言，代表者的意思是直接被視為全體國民的意思，因此在實際運作上，代表者的意思便有可能取代全體國民的意思，使主權淪落於代表者的手中，而將國民從主權者的地位予以放逐。是故，盧騷極力提倡直接民主主義與強調主權不能代表、讓渡的觀點不是沒有道理的。也因此，今天即使是處於代議政體之下，即國民自己無法直接行使國家權力來參與國家意思的形成而必須藉助特定之人時（例如國會議員），此一特定之人與國民的關係亦不能解為是代表的關係，而應該是屬於「委任」或「代理」的關係，否則「國民主權」的口號最終將被用作剝奪國民所擁有之國家權力的意識型態，而造成另外一種形式的獨裁——即所謂的人民民主專政，而導致主權的「所有」與「行使」產生分離。因此，真正之國民主權原理的貫徹，乃是：(1)消極的：國民可藉由罷免或刑罰等制度來追究行使國家權力之受任人或代理人的政治責任及法律責任，以符合「信託原理」

的精神;(2)積極的:擴大國民的政治、行政程序之參
與,及公開政府相關資訊以落實民眾「知的權利」等,
使人民能主動地在一定範圍內行使自己的主權,以貫
徹人民自己統治自己的原理,而非只能被動地監督或
追究代表國民行使主權的國會議員而已。

　　因此,我國憲法第 25 條規定:「國民大會依本憲
法之規定,『代表』國民行使政權」,及第 62 條規定:
「立法院為國家最高立法機關,由人民選舉之立法委
員組織之,『代表』人民行使立法權」,此兩條條文中
之「代表」用語,即應解為係委任、代理之意。

(二)主權在國際法上的意義

　　雖然主權原理在對內的側面上,一般是用作指示
國家權力在國內歸屬的法原理,但最初主權的概念和
想法之所以會被提出,乃是中古世紀之君主於對外
上,亟欲擺脫羅馬教皇之影響而產生的。因此主權除
了對內用以表示國家權力的優越性和最高性之外,亦
可用於國際關係上作為確保本國對於其他國家之獨立
性的意味,以排斥他國對於本國內部事務不當的干涉
和介入。只是實際上來說,主權在國際法上所強調的
獨立性作用並非完全是建構在國家彼此間的「相互尊

重」之上，而有相當的部分建構在國家所擁有的「實力」之上[3]。故回顧歷史，弱小的國家縱使有獨立自主的國家主權，若無其他的國家與其結盟或作為後盾，則通常會遭受鄰近強權國家的侵犯，近年來最顯著的例證莫過於伊拉克對科威特之侵略所引發的「波斯灣戰爭」。所以吾人認為，一方面在確立國家主權之獨立性的同時，另一方面更應該本於人權維護及和平主義的觀念來限制國家主權對外的侵略性，否則主權於對外側面的濫用亦可能造成危險。由此，我們不難看出主權在現實運用上所擁有的雙重性格，亦即「防禦的」性格與「攻擊的」性格，而這樣的特性是我們在研究主權理論時所必須注意的。

　　而在現代，主權在國內法上及國際法上的意義，指的不外是「國民主權」與「國家主權」二者。仔細分析，該二者並非是完全分離而不相關的概念，因為就對內關係而言，既然強調國民主權及人民自己統治自己，則國家權力歸屬於國民之際，國家應只是作為全體國民之表徵，而非對立於國民而存在；再者，就對外關係而言，國家主權之強調雖然一般皆看作是國家與國家之間的問題，但是換個角度來說，那又未嘗不是國民主權的延伸。因此，即使國家主權通常是於

國際法領域的研究範疇，但其在與國民主權連結的側面上，仍然有著相當程度的關聯。

註　釋

[1]陳新民，《中華民國憲法釋論》，自版，1995，頁 69。

[2]陳新民，同註[1]，頁 69。

[3]國內學者薩孟武對此點亦持肯認的見解，認為：侏儒國
（Zwergstaat）及世界國（Weltstaat）均與主權的本質不能兩
立。主權學說只能存在於均勢主義（Gleichgewichtsprinzip）
之下。由此可知主權對外，最後還是以「力」為基礎。參見
薩孟武，《政治學》，三民書局，1983，頁 61。

第二章
主權理念的發展

一、主權的起源和展開

(一)早期的主權理論

關於主權的起源，可追溯自絕對主義君主制形成期的中古世紀，法蘭西斯國王，一方面在對內關係上要對抗封建領主，一方面在對外關係上要對抗羅馬教皇和神聖羅馬帝國之皇帝，為了確立法蘭西斯王國而表現自己的權力是最高且絕對的，便把用來表示封建領主之領主權所具有之比較級內容的 souverain 一詞，轉為最高級的內容來使用開始[1]。

■布丹的主權論

　　然而，最初賦予主權定義之人，乃是法國人布丹（Jean Bodin, 1530-1596），他在一五七六年發表的《國家論六卷》（*Les six livres de la République*）開頭中，以「國家，乃是運用主權的權力，而在許多家族與其間，關於共通問題之正當的支配」，而首次使用主權（souveraine）一詞[2]，來說明國家的正當性[3]。在這樣的一個時期，主權概念乃是為了確保國家的統一而使用[4]。所以，主權最初指的是「絕對且永續的國家權力」，再者，亦是「最高而從法律獨立之權力」[5]。但是所謂的「從法律獨立」並非意味著不受法的拘束而無限制性，其仍然必須服從自然法的制約[6]。

　　再者，在布丹提出主權觀念的那個時期，掌握這樣一個主權（國家權力）之人，乃是君主。從這點觀之，當時的主權理論是與君主的統治有著密切關聯的，而此即後世所通稱之君主主權；君主在當時，是僅次於神而偉大的存在，是屬於神在地上的代理人，因此就國家內部的側面而言，君主能夠命令一切受其所統治之人，而具有最高的權威。

■霍布斯的主權論

在布丹之後，使主權觀念獲得發展的，是英人霍布斯（Thomas Hobbes, 1588-1679）。基本上，霍布斯與布丹一樣，將主權的內容理解為國家權力的作用，而賦予君主主權理論上的根據。但與布丹不同的是，他是基於「政治契約論」[7]的觀點來解釋主權，而把主權從神法和自然法的觀念中予以解放[8]。就此點而言，他使主權的概念獲得了伸展。

霍布斯認為，主權的特質及內容有以下諸點[9]：

1. 社會成員的權利須全部讓渡與主權者。
2. 對於主權者的命令須無條件地服從。
3. 關於爭執的決定權限、宣戰、媾和、軍隊統帥權、國家機關的任命權，皆屬主權者所有。
4. 主權者作為立法者而無庸服從於國法，主權者的命令就是法，而法的解釋也是依存於主權者的權威。
5. 自然法基於主權者的意思而成為國法，習慣也根據主權者的同意而成為法。

■小結

　　在早期古典主權理論時期，布丹與霍布斯二人對主權理論的開展有著相當的貢獻，但二人對主權理論的基本態度存有以下之差異，應加以留意：

　　第一，在布丹的理論中，主權仍要受到上帝法、自然法，以及傳習已久的習慣所限制。而霍布斯的看法是一切法律必待主權者的意志表示而後定，上帝法、自然法以及習慣法之能夠發生效用，需要主權者的解釋及承認，否則均屬無效，所以所謂法律者，即是主權者的命令，這是唯實的看法，影響了以後的實證法學派[10]。

　　第二，布丹的主權論是屬於君權神授說的階段；而霍布斯基於契約論的方式，使得主權理論進化至君權民授的階段。

　　另外，尚有一點需要說明的是，在早期的主權理論時期，不論是布丹或霍布斯，這樣的一個主權（國家權力）之本身，係屬於一個「包括的」權力總體，亦即它並沒有所謂分權概念的產生。之所以如此，吾人認為最根本之原因在於此時期主權（國家權力）係純粹為鞏固君王之權力而使其歸屬於君主個人所享

有，國家之內的任何個人並無法享有行使之權限，也絕不可以擁有。這樣的情形乃是在絕對君主主義國家時期的必然現象。

(二)市民革命時期的主權理論

在前面已經闡述過了早期主權理論的雛型，是被理解為包含意思作用及權力作用的國家權力，是一包括的權力總體。隨著時代之推演，進入十八世紀之後，不論是主權的本身或是主權的歸屬主體，都隨著一些著名政治思想家所提出之理論的影響，而發生了變化。以下便藉由幾位政治家在其理論中論述到有關主權的部分，來說明此時期之主權理論及其變化的意義和內涵。

■洛克的主權論

英人洛克（John Locke, 1632-1704）可說是一位偉大的政治思想家，而最足以代表他的政治思想者，乃是其所著的〈政府論二篇〉；他的思想也為英國一六八八年的光榮革命提供了理論上的根據，將人民從君主專制的體制中解放出來。洛克認為在自然狀態的社會中，人們係依靠理性——即自然法——相處生活，

但自然法有它的缺陷，即它欠缺明確性而降低了定紛止爭及讓人們遵守擁護的功能。所以洛克亦主張契約論，強調結束自然狀態，以進入政治社會或國家的狀態，以追求大多數人的公益。

依照他的論點，當政治社會組成後，必須成立一政府，但應採取分工原則而將權力劃分，以免集中而專制或濫用權力。亦即，洛克的早期權力分立理論，除為對抗君主專制外，也為避免國家權力一旦移入人民之手時，所可能產生的寡頭政治現象。所以權力分立論的展開，可說是對抗專制制度的一種統治制度原理[11]。

洛克基本上將國家權力主要劃分為立法權（司法權包括於其內）與行政權，但這二者卻是以主從關係而存在，而非相互獨立與制衡。亦即，他將屬於人民的「立法權」作為最高的權力，歸屬於人民而享有，但在政治運作上，人民必須基於契約而將該等權力委由他人（通常係議會）來行使，惟立法權如果違背人民所給予的信任時，排除或變更立法權的最高權力仍然存在於人民之手[12]。

因此，對於洛克而言，「屬於人民的立法權」（信託）→「屬於議會的立法權」←（從屬）「行政權」，

乃是他的主權理論的基本圖式。而吾人認為洛克理論
的最大貢獻，即在於他開啟了主權（國家權力）依據
事物之性質予以劃分以避免專制發生之新頁，並將主
權主體從君主朝向人民來改變。

■孟德斯鳩的主權論

　　孟德斯鳩（Montesquieu, 1689-1755）為法國之貴
族，曾居於英國倫敦兩年，時正值英國光榮革命之後，
對英國政治極為欽慕，遂花了十幾年時間，於一七四
八年完成影響甚鉅之《法意》一書，三權分立的理論
亦在其中。他認為，「各國家皆有三種權力：立法權、
關於萬民法事項的執行權，及關於市民法事項的執行
權。根據第一種權力，君主或執政者得制定一時的或
永久的法律、修正或廢止已經被制定的法律。根據第
二種權力，得為媾和或宣戰、派遣或接受大使、維持
治安、預防侵略。根據第三種權力，得處罰犯罪或裁
判個人間之爭訟」[13]。此即世人所熟知之三權分立理
論[14]。此外，孟德斯鳩與洛克不同的是，他將司法權
從立法權獨立了出來，並主張三權間的互相制衡關係。
　　再者，孟德斯鳩依據「主權歸屬之主體」為誰，
來區分國家的「政體」，而認為政體可分為三類，即共

和政、君主政及專制政[15]：

　1.共和政：乃是由人民總體或人民一部擁有主權
　　之政體。
　　a.由人民全體擁有主權的場合，是為民主政。
　　b.由人民一部擁有主權的場合，是為貴族政。
　2.君主政：只由一人統治，但是統治者仍服從被
　　確立和被制定的法律。
　3.專制政：亦只由一人統治，但無法律亦無規範，
　　萬事全憑統治者自己的意思為之。

　　另外，須注意的是，依照孟德斯鳩的說法，人民
的確是「權力」（pouvior）的保持者，但這樣的一件
事情卻不一定和人民的「自由」有直接的關係。亦即
他將權力和自由切斷，與認為權力、自由不可分而「服
從法律的人民必須是法律的制定者」之盧騷，係處於
對峙的關係而受到注目[16]。亦即，構成孟德斯鳩權力
分立論的基礎，乃是所謂「權力之集中必然產生濫用，
會破壞市民的自由」之對於權力不信任的觀念[17]。因
此，孟德斯鳩可說是把確保自由的手段，不從權力的
獲得來追求，而是從權力濫用之防止來追求[18]。

■盧騷的主權論

盧騷（Jean-Jacques）出生於瑞士日內瓦，後來遷居法國。他影響後世最為深遠的，莫過於在一七六二年所完成的《社會契約論》一書。基本上，盧騷與霍布斯一樣，主張廢止自然狀態而進入社會狀態，並藉由社會契約的締結，來確保公眾之利益。於是，社會的各個構成員，必須共同地將其一切自然權，對於共同體全體為全面地讓渡[19]。像這樣，個人根據「全面的讓渡」而朝向社會的結合行為，乃是社會契約的本質，所以盧騷的「全面讓渡說」，係將個人的各種權利納入共同體的公共領域，而在其中求得確保[20]。於是，誠如學者所說的，根據這樣的讓渡，個人將切斷對於自身和所有物的事實上支配，因而放棄絕對的權利[21][22]，以助於社會契約之締結及共同體意志的形成。因此，盧騷把人民只服從自己之要求，解消於人民對公意的服從之中。

其次，盧騷對於主權的看法，認為：「主權不許被代表，其理由正如主權不可讓渡一般。它的本質即在公共意志，而公共意志是不能被代表的；它或是公共意志，或不是，沒有中介。所謂人民代表，其實並

不是人民的代表，亦不能為其代表。他們只是人民委
任的人員而已，不能作最後的結論。凡未經人民親自
批准的法律皆屬無效，實際來說便不是法律。英國人
自以為是自由的，實則大錯。他們只在選舉國會議員
時才是自由的。當議員一經選出，他們便成為了奴隸，
成了虛無。」[23]從盧騷的這段話中，表達了以下的觀
念和思想：

　　第一、主權不外是一般意志的行使。而所謂的一
般意志，在盧騷的理論中，指的就是法律；行使制定
法律的權力，就是主權。在此，盧騷將主權限縮到只
有「立法權」的範圍，而最終賦予人民自由之命運者，
乃是制定法律的權力[24]。盧騷這樣一個主權論，與先
前所探討之主權論有相當程度之不同，應為吾人所注
意。

　　第二、主權的行使不能被代表，亦即代議士不是
人民的代表，也不能代表，其僅屬於人民的受任人或
代理人。亦即，盧騷的理論帶有強烈的反代表性格，
因此一般人的觀念上，皆認為他開創了所謂直接民主
主義的先河。對於這樣的說法，亦有學者提出不同的
見解，認為盧騷在此批判的，乃是「代議士之意思直
接被視為人民意思」之體制，因為在這樣的體制下，

代議士的意思經常和人民的意思不一致，所以從反面解釋，盧騷也未必一定否定代議士的存在[25]。的確，這樣的看法讓我們對於盧騷的理論有另一番不同的體認；但更重要的是，此指出了代議制度迄今一直存在的弊端，就是國會議員經常假民意之名，而行非民意之實。

在盧騷的理論中，雖然其採取主權在民的觀念來作為人民自由的擔保，但由於他重視公共利益之追求，所以他的主權觀念，基本上更重視的不是「權力的自由化」而是「權力的民主化」；因此，他的理論係藉由人民的參加來達到人民自由的確保，於是，政治的自由在盧騷的憲法思想中占有決定性的重要地位[26]。

然而，盧騷所謂之「主權」指的僅是「立法權」而已，且具有不可轉讓、不可分割的特性，因此，行政權對立法權而言，只不過是從立法權所派生出來的權能而已，係從屬於立法權而存在。所以，「作為人民意思行使的立法權（主權）」←（從屬）「行政權」，乃是盧騷人民主權論的基本圖式。就此點而言，吾人認為盧騷的主權理論應較接近於洛克，而不同於孟德斯鳩的三權分立。

■西耶的主權論

　　西耶（Abbe Sieyès, 1748-1836）係法國大革命時期相當重要的一位思想家，而法國大革命之發生與成功，也與他的推波助瀾息息相關，可說是貢獻厥偉。

　　然關於他的理論，不同的是，相對於洛克、盧騷將主權之行使認為是立法權的作用，西耶將人民意思的行使直接地認為是憲法制定權力的作用[27]，這樣的看法相當的獨特而異於當時許多思想家，應為吾人加以重視和注目！

　　首先，西耶在一本名為《關於法國代表者們在一七八九年所能行使執行手段的見解》（以下簡稱《見解》）之小冊子，表達了他的憲法思想，在其中則以租稅決定權和憲法制定之追求為全國身分會議之目的，而期望使其行使之方法即「執行手段」能得到明確[28]。在《見解》中有關主權之理論，他主張全體人民共同意思之形成是必要的，而主權的主體，則認為係屬於有意思能力之「人民」；且從人民的自由導出人民的立法權，而以人民有「考慮自己利益，審議、制定法律的權利」為出發點，再者從法律目的之自由，認為人民實際上所享受的不是人的、物的所有，而是其

所有不受到妨礙[29]。在此須指出的是，西耶在文書中
並未使用「主權」（souverain）一詞，恐係為避免和盧
騷人民主權同視的疑慮[30]。雖然西耶在他的思想中不
用「主權」一詞，但從他的理論中，已看出有關主權
理論方面的種種表現。

　　其次，在《見解》中實際的中心主題是「租稅的
承認」，那是「為了維持公務，而把讓渡一部分財產的
事情，強制於各人民」，因而實際上的重點乃是納稅者
人民[31]。因此，西耶最初意識到的乃是將納稅者人民
作為個人意思的主體，因而即使說根據個人意思來形
成共同意思，但該個人意思於實質上被限定為納稅者
意思之可能性也是有的[32]。此外，西耶雖然根據個人
意思之表明而導出人民的立法權，但是他亦指出了在
人民之上尚存在著自然法，而基於所有權神聖性的觀
點，人民意思之形成，基本上則受到了以所有權保障
為中心之自然法的拘束[33]。但不幸的是，西耶從所有
權保障觀點卻導出了極不正確的結論：他認為具有一
定數額財產之人，方是所謂之納稅者人民，而該等人
民因為為了國家社會之公益而繳納稅捐，便被賦予選
舉權和被選舉權以作為代價。於是在他的理論中，主
權主體便從「一般人民」轉移到「納稅者人民」的身

上，因此儘管他亦採行主權在民的理念，但無論如何，就結局而言，非納稅者人民明顯地從主權主體中被排除，而喪失了參與政治的權利。

再者，於西耶這本《見解》中，其雖然區別了憲法制定權力和根據憲法所規定的權力（如行政權、立法權及司法權等），但也僅是簡短的敘述而已，且關於憲法制定權力的理論也未積極地展開。此外，他認為由於地域人數增多，直接民主主義之採取是不可行的，故須藉由代表（國會議員）來行使人民的主權；然基於代表的法理，議員之意思係直接被視為人民之意思，故他認為各議員係「全體人民之代表」，並從有權者之人民而獨立，不受任何的限制。於是在他的理論中，代表者和一般人民便完全地被切離，和納稅者人民的關係也變得薄弱，而「代表者的共同意思更被視作是真正的法律」[34]。因此，在西耶最初憲法思想中所表現出來有關主權的原理，乃是主權行使係具有對抗王權的意味，但同時也具有排斥人眾主權行使可能性的意味[35]。

然而，最初表現西耶憲法思想之《見解》，在西耶將它付印之後，因感於當時政治情勢的變化，而決意終止刊行。之所以如此，乃在於他看到了繼國王之

後，貴族等特權身分反而成了犧牲民眾權益、擁護自
身利益之新剝削階級，於是不久之後，他又寫了一本
名為《第三身分為何》的小冊子，大肆鼓吹反特權的
理念，極受當時民眾所歡迎，而他的主張至此也從「反
王權」之論點轉移到「反特權」之上。因此，由法王
路易十六所召開之全國身分會議（係由貴族、教士、
國民三個階級選出之代表所組成），在受到西耶等當時
極力反王權、反特權之人士的影響後，遂成為了日後
法國大革命的導火線[36]。而西耶在《第三身分為何》
中，亦積極地展開了他有關主權理論方面的論述。

　　首先，他以「(1)第三身分為何──是全部；(2)
第三身分在政治秩序中至今是什麼──是無；(3)第三
身分要求什麼──相當的東西」[37]，開始他在《第三
身分為何》的論述。基本上，他認為只有人民（包含
當時之資產階級[38]、農民、勞工及貧民等）方屬所謂
第三身分之人，而貴族和教士是第三身分者所欲打擊
及排除的對象，所以該些人並不能為主權之行使者。
於是西耶所強調之「第三身分」，實際上並非包括當時
一切之人民，而係僅具有一定範圍及身分的人民。

　　其次，如先前所述，西耶在《第三身分為何》中
提倡並展開他獨特的憲法制定權論，將人民主權之行

使，直接提升到制定憲法的層次之上。惟關於西耶的
制憲權理論部分，在此僅作簡單的敘述，其餘則留待
本書討論國民主權與憲法制定權力的問題時，再予以
詳細的論述。

　　在西耶的憲法思想中，他認為人民係從一切程序
而獨立，而一切的實定法在人民之下並不具有何等之
效力，所以人民意思的優先性和超實定性是西耶理論
之核心內容。至於作為人民超實定性的理由，可舉下
列幾點[39]：

　　1.人民是自然狀態的存在。
　　2.人民不能放棄意思的決定，也不能課予自己義
　　　務。
　　3.實定權力間的紛爭，國民必須在超實定上來解
　　　決。

　　惟西耶之憲法制定權力的超實定性，係具有反對
絕對王政之意味，因此他認為：「人民如果從契約被解
放，則不應該委身於實定程序之拘束。那會永遠地陷
入失去自由的情況。因為專制如果成功，則在憲法的
口實下，將使人民受到一個程序上的束縛。而由於那
樣的程序，人民就無法自由地表明自己的意志，因而

也就無法掙脫專制政治的枷鎖」[40]。

　　但更重要的是，西耶雖強調人民可不受君主與人民間訂立之專制契約拘束，但人民可否亦不受人民自身所訂立之契約（社會契約、憲法）拘束？關於這個問題，似未有述及。此外，西耶將人民代表所行使之權力，依照「憲法制定權力」與「根據憲法所規定的權力」二者，區分為「特別代表」與「一般代表」，後者係依據憲法而為國家權力之行使；而前者係國民因為特殊狀態所自行召集，而為憲法制定權力之行使，所以類同於在自然狀態中不受拘束。就一般理論而言，憲法制定後，人民本應有服從自己所訂立憲法的義務，不過由於主權仍然存於人民之手，是故若對於現存之實定法秩序不滿或不欲服從時，人民可否再次行使制憲權來改變既有之秩序（因一定情事之發生，國民撤銷原先所訂之社會契約，而重新訂立新約）？對於此點，西耶並未在他的理論中有詳細交代，因為他的制憲權論主要是闡述推翻君主專制及其後之第一次的制憲權行使問題。不過，從西耶「人民之超實定性」思想觀之，人民既然位於一切實定法之上，則人民當然應該擁有改廢該實定法的權力。像這樣的理解，在人民不受任何既存政治體制拘束之點上，也可

謂是相通於美國獨立宣言中之「革命權」的思想，因
為對於西耶而言，人民是國家權力的源泉，更是其主
體[41]。

　　另外，須加以說明的是，西耶對人民與各地所選
出之議員間之命令委任關係，在他後來的思想中係採
取反對的態度，認為議員並非只是單純意見的搬運
工，而是能為審議的真正代表者，故議員應從人民獨
立出來行使職權。因此西耶認為之所以反對命令委
任，基本上可舉以下幾點理由[42]：

　　1.命令委任與以審議為本務之國會性質有所矛
　　　盾。

　　2.命令委任與為了一般利益之各議員所應享受的
　　　投票自由有所矛盾。

　　3.命令委任與不是地區之代表而是（全體）人民
　　　之代表的議員性格有所矛盾。

　　4.命令委任與人民各部分在政治上應該從屬於人
　　　民全體的必要性有所矛盾。

　　基於這樣的觀點，則人民行使的只是「意思決定
權的委任」[43]罷了。因此，西耶雖說人民不能放棄意
思決定之權，但那是在和舊政體下之實定關係上來說

的，而不是在和代表的關係上來說的[44]。於是，從這
裡我們可以瞭解到，西耶在革命之後將人民主權虛擬
化了，違反了所謂主權在民的原則。所以儘管他把是
政治主體的人民定義為第三身分，而明確地對特權身
分作批判，但是透過這樣的論議，在第三身分中徹底
地期望確保資產階級之政治指導性姿態，是相當明確
的[45]。然而，西耶為何會有這樣重大的轉變？是他本
來的企圖就是如此嗎？抑或是受到當時主客觀政治環
境的影響呢？的確，這是一個值得研究並發人省思的
課題！如我們所知的，在當時法國大革命那個時期，
民眾在長期專制政治的統治後逐漸地覺醒了，民眾意
識的抬頭和對主權的認知，可說是法國大革命能夠成
功的一個重要因素。但在整個民眾革命的過程中，表
現出來的卻是國家社會的動盪和人民彼此的相殘，所
以革命成功後必須要有一強有力之領導中樞來穩固國
家社會之發展與安定，並防止舊有勢力之破壞和復
燃；從這樣的側面觀之，不得不承認當時對人民參政
權之限制係具有過渡之性質與合理性。惟最主要改變
西耶思想者，乃在於其對「民眾的不信任」[46]，畢竟
民眾的解放雖然推翻了專制政體，但也破壞了一切的
秩序——不論是好的或是壞的。所以在探討西耶有關

主權理論的同時，對於這樣背景的認識應是吾人所須
加以留意的。

　　縱觀西耶的憲法思想體系，基本上，我們可以將
西耶置於「自由主義」思想的系譜上[47]，所以西耶憲
法思想核心之價值原理是「自由」，但是關於「自由」
的意味，有學者將其著眼於經濟的側面來解釋[48]，認
為他所說之自由係為了人類滿足人類求生存之欲望，
所以在西耶之憲法理論中，經濟思想係占有中心的地
位[49]。誠然，從古至今，人類追求物質的滿足，的確
是政治發展的原動力，這一點是吾人所不能否認的，
不過，若只著重於經濟層面（物質層面）的觀點來解
析西耶之憲法思想，似乎降低了他對「自由」的體認，
因為法國大革命的成功對於當時法國人民而言，這種
精神上或身體上桎梏之解脫，比起物質上之需求是來
得更重要、更有意義！但我們也不得不嚴肅地指出，
西耶在革命之「民眾化」過程中，基於「納稅者人民」
而將人民區分為「主動的人民」和「被動的人民」，否
定了「無納稅者人民」的參政權[50]，導致了資產階級
在掌握政權後，實行了隱蔽「人民」內部在具體社會
構成中之對立、矛盾的意識型態機能[51]。惟無論如
何，西耶對於近代憲法思想之開展仍具有相當重要之

影響。至於他提及有關主權方面的理論，吾人認為可用以下簡單的圖式表示之：亦即「國民的憲法制定權力（超實定的主權）」（創設）→「立法權（實定法下的主權）」←（從屬）「行政權」。

■小結

在此，透過對市民革命時期幾位著名思想家之主權理論的檢討，我們可以發現人類在歷史的進步過程中，慢慢地瞭解到自己存在的地位和意義，而不管是盧騷主張的「天賦人權」或是　國父孫中山先生認為的「革命民權」，在在都顯示出了「主權」在「民」的重要性，惟如何將這樣一個課題在我們日常生活中獲得實踐，就值得我們深思熟慮了。而在回顧歷史演變的同時，我們可以看到，市民革命時期之主權論與早期之主權論具有著明顯的差異：

其一，早期的主權論係君主對內要對抗封建領主、對外要抗拒羅馬教皇而產生的理論，故是為了確保國家之統一為目的；而市民革命時期的主權論，則是人民用來對抗君主專制政體，以維護人民之天賦自然權為目的。所以在此表現出來的，乃是主權主體的轉移，亦即從「君主」轉移到「人民」身上。尤其在

西耶將人民之地位置於一切實定法之上，更可看出這樣的性格和作用。

其二，早期的主權論，主權的本體係一概括性、包括性的權力；但在市民革命時期的主權論中，主權大致上已分化為立法、行政、司法三種權力作用，且這三者是以立法權為中心。所以有學者認為，此時主權者所行使的主權係從「權力作用」的概念而朝向「意思作用」（立法）來轉變[52]。

二、今日主權的意義和用法

踏上歷史之路程，重溫近代主權之起源和展開，並且藉由幾位影響後世深遠之著名思想家之理論論述，相信業已使得主權概念在近代的意義上，獲得了一定程度之闡明，而透過這樣一個方式的還原和根源探索，吾人認為對於現代主權意義的追求有莫大的助益。在二十世紀末，經過了兩次世界大戰的洗禮、自由主義和共產主義的對抗及冷戰終結後的歐洲統合，主權概念的發展更呈現出多元化和不確定性，不論是在國家內部國民主權的要求，或在國家外部之國家主

權獨立的問題上，都已變得十分複雜和棘手。

今日「主權」一詞，可說是在多方面的意義下被廣泛使用著，故有著「多義性」。而基本上它包含了三大部分，亦即主權的本身、主權的屬性，及主權的歸屬主體。綜合觀之，此三者實可說是一體之三面、不能切離的概念。然這三者究竟意何所指，以下便分述之。

(一)國家權力的本身

第一種意義是將主權解為「國家權力（staatsgewalt）的本身」。在這意義之下，主權的內容等於作為國家支配意思力之國家權力，而如此的概念，也正符合了歷史之用法，亦即布丹最初提出的主權概念。而所謂的國家權力，在傳統上係稱為統治權（herrschaftsrecht），亦即是立法權、行政權、司法權等複數「國家的權力」或「構成統治活動的權力」之總稱的概念[53]。而統治權，在一定的範圍也及於居住在本國的外國人，但是在空間上只限於本國的領土；前者可稱為對人高權（personalhoheit）或對人主權（personal sovereignty），後者可稱為領土高權（gebietshoheit）或領土主權（territorial sovereignty）

[54]。上述之定義係為一般人所熟知，但亦有學者將主權作更狹隘的解釋，認為僅限於「統治國家而行使行政權的權力」[55]。不過，從歷史的沿革來看，主權從孟德斯鳩以後便逐漸成為三權分立且被各國所接受，故三權分立已是現今世界各國及憲法所普遍採用的原理原則；因此，若將主權作狹隘的解釋，亦應是指如洛克、盧騷之流所稱的「立法權」至上才是，因為對於他們而言，行政權係從屬於立法權而存在，係從立法權所派生出來的。

(二)國家權力的屬性

　　第二種意義是將主權作為表示「國家權力屬性」的概念，亦即主權具有所謂的最高獨立性。因此在對內方面，國家權力比任何權力都居於優越的地位，可以支配國內之一切權力；而在對外方面，國家係不受任何權力主體（即其他國家）的意思干涉而具有獨立性，於是在國際關係的側面上，強調了「國家」主權不可侵性的概念意涵。惟主權除了具有獨立性之外，依據學者見解，其尚擁有另外兩種特質[56]：

　　1.不可分性（indivisible）：倘若主權可以分割，

則一國之內將同時有兩個以上的主權；兩個主權同時存在於一國之內，而又同時皆為最高，這在邏輯上是不可能的。

2.絕對性（absolute）：倘若主權可以限制，則主權不能謂為最高。

　　所以，主權一般而言，具有獨立性、不可分性和絕對性三大特點，一旦將三者完全貫徹時，則可謂是將主權的概念推展到了極限。但是這樣的絕對主權論，實際上對國際秩序的建立，世界和平的維持，國際組織的發展，都有害處[57]；此外，亦會被濫用為政府迫害人民、侵犯人權的藉口。惟原則上，主權理論仍有其價值，至少在維護實力不平等的大小國家在國際法上的地位，及理論上抵制帝國主義者或強國對弱國內政的無理干預上，它都具有積極的作用；但一國的主權不能解釋為其政府具有完全的行動自由，任何政府的行動都不應違背基本人權、其在國際法與國際條約的義務、人道主義的精神[58]。例如：中共曾因為海地增進與台灣關係而杯葛聯合國在海地維持和平行動（海地於一九九六年二月七日邀請當時台灣副總統李元簇參加其總統在太子港舉行的就職典禮），而遭到

拉丁美洲及加勒比海國家的集體反對，並聯合要求安
理會以立即行動反對中共的要求。其中阿根廷駐聯合
國代表卡地納斯更公開表示：「鑑於海地的情勢確實有
延長聯合國和平行動的必要，中國卻刻意阻撓，將冷
戰遊戲帶進拉丁美洲地區，該地區國家完全不能接受」
[59]，「海地有權根據自己的利益要求延長維持和平行
動，海地更有主權決定他自己如何掌理與台灣的關係」
[60]。因此，隨著國際合作強烈的需求、人權觀念的世
界化、國家內部民族自決及地方自治等等的要求，主
權的原有特性也受到了相當程度的變化，而成了「有
限的主權」或「相對的主權」。這樣的發展和導致主權
特性改變的因素，都是我們必須加以留意的。

(三)國政最高決定權之歸屬主體

　　第三種意義是將主權作為表示「國家權力在國內
歸屬的法原理」所使用的概念。在這樣的結果之下，
便產生了所謂之君主主權、議會主權、國民主權及國
家主權這幾個型態之分類和用法。但須說明的是，此
處所指之「國家主權」，是代表著國政最高決定權之國
家權力歸屬於國家這個主體而言，換言之，即是國家
擁有國家權力而為統治，與主權用來表示對外獨立性

所稱之「國家主權」在意涵上有所不同。以下，便就各種主權之型態而為論述。

■君主主權

所謂君主主權，係認為主權屬於君主，主權者權力之大，不但人民須絕對服從，即法律乃主權者的命令，而宗教與教會事務惟以主權者的命令為依歸[61]。這樣的一個主權觀念，如先前所述，係布丹、霍布斯所提出，為了加強當時君主對抗羅馬帝國、教皇、及封建諸侯所使用的概念用語。隨著時代之變遷，君主主權雖對國家體制的形成和確定有其貢獻，但自民主觀念及主權在民思想發達之後，君主主權已成歷史的遺跡而遭廢棄。

但是，誠如我們所熟知的，現今世界憲政發達國家仍有皇室之存在，如英國女皇、日本天皇、泰皇等都是著例。於是，這樣殘留下來之君主制度和國民主權的關係應該如何掌握，變成了一個耐人尋味之課題。以日本國憲法來說，其第 1 條規定：「天皇是日本國之象徵，是日本國民統合之象徵。其地位，依主權所存之日本國民的總意。」第 2 條：「皇位世襲，依國會議決之皇室典範規定，繼承之。」第 3 條：「天皇為

關於國事之一切行為，以內閣之助言和承認為必要。內閣負其責任。」[62]因此，日本的天皇制度，一般皆稱其為「象徵天皇制」，亦即天皇之存在，乃是由國民之總意賦予其成立基礎，而不具任何實質之意義。但是日本皇室的許多活動（尤其是宗教儀式），卻常常有違反國民主權原則的事情而生爭議。例如：作為國事行為之「儀式」，通常包括即位之禮和大喪之禮，惟日本明仁天皇在裕仁天皇逝世後，根據憲法皇位世襲之規定舉行即位之禮時，卻舉行了所謂之「大嘗祭」（大嘗祭係從古代至戰前作為「統治者」之天皇於即位時的重要儀式）[63]，在以國民主權為基礎之日本國憲法下，該儀式的實施是很有疑問的[64]。此外，日本政府認為伴隨皇位世襲之傳統皇位繼承儀式，在公共事務的性質上，因為具有宗教性格，所以不屬國事行為，國家對於儀式的態樣係採取不干涉的態度，但卻可以宮廷費之名目為必要費用之支出[65]。再者，日本國憲法第 2 條 3 項規定：「國家及其機關，不得為宗教教育及其他任何之宗教活動。」所以或謂官員若出席大嘗祭者，係從事了憲法所禁止之「宗教活動」而屬違憲行為，但是日本法院實務的判決則認為：關於這樣的出席係屬一種禮儀，是對於國家及國民統合象徵的天

皇表達祝賀之意，而不認為帶有顯著的宗教目的和效果，所以並不違反「政教分離」原則[66]。為此，學者則對此等見解提出了批判，認為：(1)「禮儀」不是屬於法規範之世界，只不過是事實世界之事情，換言之，天皇是「日本國」和「日本國民統合」象徵之事情，與官員對於該象徵而採取一定態度之事情是不同的，而從象徵也無法演繹出任何的法規範[67]（由於天皇是象徵，故不參加有失禮之嫌？）；(2)相當於「禮儀」者，係於總攬統治權之明治憲法的天皇主權下而存在[68]；(3)政教分離原則，不限於保障個人信教之自由，如果構成國民主權之重要構成要素，則官員在對於皇室宗教儀式之關係上，應嚴格地保持宗教的中立性[69]。

　　復次，與象徵天皇制有重要關係的乃是靖國神社公式參拜之問題。所謂靖國神社，是位於政（天皇）、教、軍結合頂點的神社，係於一八七九年將東京招魂社改名而來，在明治以後以天皇之名祭祀著戰沒者之英靈，並由國民讚美、慰問其英靈的神社[70]。因而，靖國神社係作為喚起對天皇之忠誠而實行極高度意識型態的機能[71]，所以關於靖國神社之作用，從靖國神社之本質（天皇、軍、教之結合體）而言，應該作為

和天皇權威化同質或同一的事情來看待，亦即靖國神社和國家結合的問題，不單只是政教分離原則的問題，更是關於天皇存在樣式的問題[72]。不過，在日本司法實務上，原本對於公務員之靖國神社公式參拜，大抵上皆採不違反憲法 20 條政教分離原則之見解，例如：昭和六〇年（一九八五）八月十五日，當時之內閣總理大臣中曾根康弘，以公用車赴靖國神社參拜，其間更從國庫提撥了三萬元之「供花費用」獻給靖國神社，並供奉揭示著有「內閣總理大臣中曾根康弘」之名的鮮花。嗣後，佛教之僧侶、門徒，天主教、基督教之神父、牧師，不具特定宗教信仰者等眾人，提起了民眾訴訟，主張：(1)本件公式參拜違反憲法第 20 條 3 項（政教分離）和第 89 條（公共財產支出、利用之限制）規定外，也是在所謂賦予靖國神社正統性之意味下給予其特權，而違反憲法第 20 條 1 項後段（宗教團體受特權之禁止）之規定；(2)根據本件公式參拜，信教自由、宗教的人格權、宗教的隱私權及平和的生存權被侵害；(3)請求被告即國家，依國家賠償法有賠償損害於原告之義務。對此，福岡地方法院於平成元年（一九八九）十二月十四日作出駁回請求（敗訴）之判決，認為：(1)政教分離規定是所謂制度性保

障規定，因為不直接保障私人之法的利益，所以不能以有違反該規定之行為為理由而對國家請求損害賠償。(2)根據本件公式參拜，原告因此受到信教上不利益之對待或受到宗教上之強制的事實並無法被承認。再者，根據公式參拜，原告抱有不快、憤怒或對國家神道之復活有危懼之念等的感情雖可察知，但是其主張之宗教人格權、宗教隱私權、平和生存權等，難以承認係值得法律保護之明確權利，故原告權利難謂有被侵害之情事[73]。而這樣的例子，迄今仍層出不窮。但是，日本最高法院在平成九年（一九九七）四月二日所謂的「愛媛玉串料訴訟」的民眾訴訟案件中，以十三票對二票推翻了以往對此類問題的司法見解，認為在屬於宗教法人之靖國神社等實行祭典之際所為的公費支出，違反了憲法所定的政教分離原則，亦即，本案愛媛縣知事透過所屬機關首長分別於靖國神社及該縣護國神社舉行祭典之際，以縣府費用所支出的玉串（有葉六、七枚而纏以白紙作為供神用的楊桐小樹枝）費、供物費、香油錢的行為，最高法院認為此已超出了依照社會、文化等條件下關於政教分離原則的「限度」，而不能被評價為類同一般建築物開工時所為的祈福儀式，或於喪禮之際贈予香奠等較不具宗教意

義的「社會禮儀」，因此縣知事應對縣負損害賠償責任
[74]，而給予了此類爭議往後發展的重要影響。

　　此外，與靖國神社相類似而牽涉象徵天皇制問題
者，乃是所謂有關忠魂碑（即戰沒者紀念碑）之移設、
再建所為的公費支出，與公務員參加在該等碑前所舉
行的慰靈祭儀式。而日本最高法院曾於平成五年（一
九九三）二月十六日對一民眾訴訟作出了判決，認為
對於忠魂碑之移設、再建所為之公費支出及市教育長
參加此等慰靈祭之行為，並未違反日憲法上所謂政教
分離的規定，而表示了合憲之意旨[75]。但是在前開「愛
媛玉串料訴訟」判決後，此類問題之法院見解，相信
亦會受到改變！

　　綜上所述，君主主權的觀念雖已成為歷史而不再
為現代民主國家所接受，但是在現今世界一些國家仍
然基於傳統或其他因素而保留皇室體制，所以作為比
較法學上之研究素材而言，仍然存有許多值得我們探
究之問題。在此，僅對日本天皇即位時之大嘗祭和靖
國神社等問題在日本憲法學上與國民主權所產生之爭
議，作一簡單之論述，期望能對該國象徵天皇制之瞭
解有些許助益。

■議會主權

　　議會主權理論，一般認為是英國憲法學界之產物，而這個使人民服從的造法權力不是君主，亦非為國民主權論所稱的全體國民所有，而是操在實際上可以立法的少數人手中，此少數人便是「國會」[76]。因此，就議會主權的性質而言，所謂主權的概念便被限縮到立法權之上，與一般我們所謂的國家權力（立法、行政、司法）存在著些許的不同。但是這樣的結論，就某種程度而言，吾人認為其實是符合歷史發展結果的，因為：

1. 早在洛克時期，他就已經主張行政權係從屬於立法權而存在的觀念了（在盧騷的理論中也有這種強烈的傾向）。
2. 即使在三權分立的體制下，三權亦非對等而處於制衡的狀態，誠如盧騷所言，法是人民一般意志的表明，所以就此側面而言，議會主權並不牴觸所謂的國民主權原則（在此，大前提須假設國民代表即立法委員係屬於真正之表達民意者）。
3. 主權已從最原始之權力作用朝向意思作用（立

法）而轉變（但權力性並未消失），故議會主權
理論，實際上係強調著憲政運作之現實面。

　　所以，關於議會主權的論點，吾人認為其實是當
今世界每一國家之共通現象，而非僅存於英國而已。
即使以總統制之美國而言，國會議員可以隨時針對行
政部門的違失展開調查，並且用各種方法吸引選民的
注意，他們的用意不外乎是提醒總統不要妄想獨攬大
權[77]。故即使是被譽為近數十年來權力最大、做事最
成功的雷根總統，也曾被國會制壓，例如：一九八五
年雷根主張撥款尼加拉瓜反抗軍，慘遭眾議院否決
[78]。所以，在一般國家之中，執政者時時都不敢忘記
他們有個立法部門要應付。不過，在議會主權的理論
中，有所謂之「外在性制約」與「內在性制約」的兩
個機制，前者，係議會（主權者）在行使其立法權限
時，民眾可能會不贊同或抵制，因而事實上，其立法
內容便受到了制約；後者，係根據主權者所屬時代及
包含社會道德感情之環境，而由來於主權者自身性格
之制約[79]。所以議會的最高權力並不是絕對的和專斷
的，議會仍須尊重人民不可讓渡的權力，因此，當人
民發現議會之所作所為違反了人民所賦予之信託時，

排除或變更立法權之最高權力仍然存在於人民之手。
不過，亦有學者對這樣的論點提出了批判，認為「議
會主權」隱藏著論理的矛盾，亦即把選民參與政策形
成之權利予以捨棄，而只在一定的場合承認民眾的抵
抗權而已；另一方面，國會作為主權者之地位，不僅
可從社會脫離而與作為社會構成員之民眾發生對峙，
還有著稱為「內在制約」的獨自意思，來作為支配民
眾的性格[80]。因此就此點而言，所謂選民之優越地位
也不過是作為確保支配正統性手段之「外在制約」的
一種型態罷了，而不須從選民的立場而賦予其理論根
據為必要[81]！的確，若從這樣的觀點來思考議會主權
理論時，不得不承認會有如此的情形產生，所以如何
修正代議體制（例如適當地採行公民投票等直接民主
主義機制）或加強人民對議會之監督，便成為重要的
課題了！

■國民主權

　　國民主權，可說是現代立憲國家不可或缺的原理
原則，而源自於洛克和盧騷所提出契約論賦與其基
礎。在現今世界各國的憲法中，大抵皆揭示著國民主
權原則，例如我國憲法第 2 條規定：「中華民國之主權

屬於國民全體。」日本國憲法第 1 條後段規定:「(天皇)其地位,基於主權所存之日本國民之總意。」法國第五共和憲法第 3 條 1 項規定:「國民主權屬於人民;人民透過其代表,及依人民投票行使其主權。」德國基本法第 20 條 2 項規定:「所有國家權力來自人民。國家權力,由人民以選舉及公民投票,並由彼此分立之立法、行政及司法機關行使之。」等等。

　　而基於國民主權原則,國家之一切權力行使都應以國民之福祉及公共利益之追求為依歸,否則將使該權力喪失合法性之基礎和泉源。而這樣的觀點,應可說是國民主權理論之核心思想。

　　此外,學者認為:「憲法中之所以規定國民主權原理,並非賦予國民主權,而是由主權擁有者的國民,對此一事實再予確認。」[82]所以「在現今世界所存之大部分憲法典中,如卡爾‧史密特(Carl Schmitt)所稱之『憲章』或小林直樹所稱之『根本規範』,在表示『國民是主權者』而為憲法制定權力的決定時,該場合之決定,不得不承認是『確認性的決定』。」[83]因此,「實定憲法之基本原理,能夠區分為關於主權主體和關於政治性內容二者。前者,是主權者自己宣言的原理;後者,是關於主權意思之內容的原理。……(因

而）後者，是第二次的、是可變的。」[84]而上述有關
國民主權之見解，吾人認為是相當正確的。因為這是
一個亙古不變的原理，它之所以存在而為人民瞭解和
接受，非完全是由於民權思想發達後而產生出來的，
因此，規定在憲法典中之國民主權，其非屬於「創設
性規範」，而是屬於「確認性規範」。故國民主權原理
係先天而存在，係先於任何之實定法而存在，所以小
林直樹將之歸為「根本規範」的範疇，卡爾‧史密特
將它歸為「憲章」（verfassung），而成為憲法典中
（verfassungsgesetz）不能修改的部分，不是沒有道理
的！

■國家主權

　　國家主權，係源自於十九世紀德意志國法學所發
展出來的理論，簡言之，就是主權係歸屬於具有法人
人格之國家本身而言，所以這樣的論點是基於「國家
法人說」而成立的。但是，如果主權係屬於國家所擁
有時，則人民（或當時之君主）對於國家而言，又是
處於什麼樣的地位呢？基本上，在國家主權理論下，
人民（或君主）只不過是作為國家之「最高機關」，而
能行使最終決定國家意思的機關權限罷了。所以，基

於國家法人說，國民和國家、國民主權和國家主權的關係應該如何來理解，便不是毫無疑問的。

基本上，國家主權理論，其要點不外為[85]：

1.國家係主權之主體，國民係作為國家構成要素之一（領土、人民、主權）而成為國家統治權行使的對象。

2.國民在國家主權之實定法下，權限即使被承認，那也是作為國家機關而為了國家來行動，且國民和各統治機構的關係，也是作為機關相互間之關係而處理。

3.個人的權利係根據國家之「自己限制」而得到承認。

惟在第 2 小點所論述的，國民和國家其他機關係處於機關相互間的關係，因此，在國民和議會的場合，又被分別稱為是「第一次機關」和「第二次機關」，而第二次機關（議會）可謂是第一次機關的代表機關，係用以表明第一次機關（國民）之意思的機關。

須注意的是，在國家和個人的關係上，國家法人說之國家主權論與一般契約說之國民主權的國家論，是存在著差異的。亦即，「在國家法人說之下，全能的

國家根據接受實定法秩序的事實，國民對於國家具有
一定程度的權利；相對地，在契約說，雖然也是當然
的事情，但是保障在自然狀態中人民已有的人權，乃
是國家的目的，所以在那便已經存在著國家的界限了」
[86]。

此外，吾人認為，國家主權理論有著以下的缺
點，必須加以指明：

1. 國家主權論，把主權置於國家之上而將國民理
   解為國家機關，基本上這是實行了迴避國家權
   力在國內歸屬之高度意識型態機能——即主權
   應直接歸屬於人民之國民主權原理。

2. 依據國家法人說之國家主權理論，國民的地
   位、自由和權利，只以實定法秩序所保護者為
   限，至於實定法所未規範但已是先於實定法所
   存在之自然法上的一般原理原則，便無法涵蓋
   至此範疇。因此，就此點而言，國家主權論在
   作為法技術說明的同時，忽略了本身對於人權
   保障所存在之內部結構的缺陷（當然這也是十
   九世紀德國國法學採取實證法學主義必然的結
   果）。

3. 一般而言，主權在國內係具有最高性，因此，一方面國家主權勢必優先於國內其他任何權力，但另一方面國家主權論卻又強調「國家之自己限制」來謀求國民自由領域的擴大。故顯而易見的是，國家主權論本身係存在著矛盾的情形。

所以，吾人認為應將「國家主權」的這個用語，專指主權的對外側面即可，而不須強採國家法人說的國家主權理論。

三、主權概念的變化

在檢討了幾個主權的型態之後，邁向二十一世紀，主權的發展和演變更有著許多令人值得注目之處。尤其從一九八○年代至今，伴隨著經濟市場的自由化，資訊傳播的世界化，環境、人權問題的國際化，蘇聯、東歐的遽變，東西方冷戰的終結，歐洲的統合及民族的自決等等一連串國際社會情勢快速的轉變，以往的國家主權和國民主權概念皆受到了相當程度之

修正和改變。

(一)主權屬性的相對化

　　前已論及，主權一般而言係具有獨立性、不可分性與絕對性。此在規定「主權，係唯一、不可分、不可讓且無時效而屬於人民。人民的任何部分或任何個人，也不能行使之」的法國一七九一年憲法中便已言及。但是，在第二次世界大戰之後，這樣的情況卻產生了變化。

　　第一，隨著國家主權的「可讓渡性」，使得主權不再具有絕對的獨立性。例如早在法國第四共和時期的憲法前言中便已提及，「為保障世界和平之必要，在相互條件下，法國願承受其對主權之限制」；之後的德國基本法第 24 條亦規定：「聯邦得以立法將主權轉讓於國際組織。為維護和平，聯邦得加入互保集體安全系統；為此，聯邦得同意限制其主權，以建立並確保歐洲及世界各國間之持久和平秩序。」結果，基於這樣的主權讓渡觀點，國家主權勢必受到某種程度之限制（此部分請參照後面有關歐洲聯盟的論述）。

　　第二，基於國際人權保障觀點，國家主權亦須受到限制。從歷史來看，所謂人權保障，乃是近代國民

主權國家所以誕生的前提，所以隨著現今人權理念之
世界化及普及化，違反此等理念之國家應不得再以國
家主權或內政干涉為理由來企圖阻止其不義之作為。
因此，加強國際制裁及擴大國際司法法庭之權限，應
該是非常重要的。而在歐洲，包含憲法在內的國內法，
於違反歐洲人權條約的場合，依法對於公權力之行為
以違反條約為由向國內法院提出無效訴訟，而最上級
法院最終卻認為不違反條約之時，得再向歐洲人權委
員會主張，以最終要求歐洲人權法院為判斷是可能的
[87]。而且歐洲人權法院在判決違反條約的場合，其決
定可推翻國內法院之決定，並要求法令或制度之改
正；亦即以往屬於國內法院之違憲審查制度在外部被
打開了，而產生了所謂最終的判斷權移向國際機關的
事情[88]。再者，朝向平和生存權的轉變，在國家主權
變化的動向上，被認為特別重要者，乃是以往被作為
主權國家屬性之軍事高權應如何限制的問題[89]。的
確，在這樣的側面上，呈現了國家主權內在制約的必
要性。

　　第三，隨著現實國家分裂狀況的產生，亦形成了
「主權分裂」理論。在一九九〇年德國統一之前，分
別存在著東德與西德兩個國家，且不論在對內或對外

側面，均對其領土內之人民實行著一定範圍之統治
權，因而基於現實的考量，兩德政府於一九七二年十
二月二十一日簽訂了「兩德基礎關係條約」，宣布雙承
認彼此之合法地位，並經聯邦憲法法院的裁判肯定其
合法地位[90]，至此遂形成了主權分裂理論，打破了以
往一直強調主權不可分性的概念[91]。當然，同樣的情
況也發生在現今的南、北韓及台灣、中國大陸之間。
不過，這樣的「主權分裂理論」是否可以直接適用到
兩岸關係的問題上？由於兩岸關係的情況特殊，且台
灣與大陸的版圖懸殊，因此中共當局一直強調台灣係
中國的一個省分，不具有與其對等之談判地位；再者，
中共亦不斷假藉軍事演習之名威脅台灣，主張「中國
主權」不可分割，任何台獨的言論和行動，都將構成
中共武力犯台之原因。所以，是否有可能嘗試將「主
權」的觀念予以「所有權化」，而在理論上以「主權共
有論」來代替「主權分裂論」？亦即，基於共有關係，
台灣與大陸兩個政府皆能合法地擁有（共有）一個「中
國主權」，並且在現實上不會妨礙到雙方對其實力支配
下之領土（應有部分）和人民有著管領的權力；而最
重要的是，在主權共有的關係下，所謂的「中國主權」
仍然能維持單一、完整與不被分割的特性！不過，這

樣的觀點或假設,卻也有可能把台灣與大陸的關係變成「一個國家」的內部問題,而不利我國主張具有政治實體地位的缺點。

　　第四,就社會主義國家的主權理論而言,在蘇聯有著所謂的「公眾主權」(popular sovereignty)理論,其特殊之處,則是該理論提供了蘇聯全面干涉其他國家事務的意識型態正當性[92]。因此,早期蘇聯軍隊進占東歐的解釋所依據的,便是公眾主權理論:在防衛……社會主義利益時,蘇聯的目的乃是為保護這些國家真正的主權(genuine sovereignty),以避免內部和外部的反革命力量企圖把這些國家的主權轉換為一個空洞的概念[93]。而在蘇聯將東歐納入共產勢力的範圍後,蘇聯與東歐國家之關係就變得類似於宗主國與屬國的型態,使得東歐共產國家的國家主權在一定程度上,產生向蘇聯讓渡或受到限制而類似於西方民主國家的現象[94]。

(二)九○年代主權問題的新展望

■主權鬆散論的提出

　　從八○年代至九○年代,隨著世界局勢的轉變和

國際化趨勢的擴大，於是便有學者提出了「主權鬆散論」的見解，引起了新的討論。至於主張這樣的論點者，乃是日本學者江橋崇，他從目前國際合作及區域整合的觀點出發，企圖建構一無障礙空間的世界國或地球村為基本藍圖。

　　江橋崇認為：在今日的國際社會，主權論之主張包含了所謂「封殺來自外部對國內問題的批判」和「逃避來自國際對人權保障水準之評價」二個機能[95]，所以主權論是人權論的敵對物。因此，「就國家主權理論的對外側面而言，具有所謂確保國家獨立性的崇高機能，而使在國際社會中處於弱勢立場之第三世界國家得以依賴之，但是另一方面，那也有著界限和副作用，因而，包含日本北側之發達國家，應該放棄主張能夠表現出自我主義的主權論，而以國際人權保障論為基軸，以謀求人權、環境、平和等國際社會所關心事情之發展。所以國家主權論，在與國際性的人權保障論矛盾時，其價值便受到了大大的折損」[96]。再者，他更進一步認為：「以國際、國內的變化為前提，而推進至正進行的主權國家所產生之黃昏現象時，難道不能構想無主權概念的憲法、無主權論的憲法學嗎？在歐洲各國的場合，越過既成的主權國家而構想國家統合

時，在那統治的基本原則，乃是置於人類的保護、民主主義、法之支配、地方分權之上。這時候，主權論並未登場。當然，這也可以說是歐洲規模的主權，但是那事態也不大可能發生變化。亦即，無主權概念的憲法，並非是不具現實的夢想。」[97]所以江橋崇基於國際化的進展，提出了對於「國家主權」的懷疑，甚至是否認態度。不過，須注意的是，他所反對的僅是強調主權作為對外層面之「國家主權」而已，並未反對主權作為對內層面之「國民主權」。亦即他認為：「應該否認的，乃是使用國民主權概念，來作為拒絕伴隨國際化所須改變國家構造時的擋箭牌。」[98]所以，「今日，以國際化的進展為前提來考慮時，則主權國家的理論可以說是暴露出了根本的疑問」[99]。

　　但是，亦有學者對於如此之「主權鬆散論」的說法，提出了下列幾點質疑[100]：

1. 在歐洲統合的議論中，否定主權存在自體或國民（國家）主權原理意義的見解，至少在憲法學說上幾乎是看不到的。主權限制的前提，亦是在尊重主權立場下而為，和主權鬆散論可說是相反的。

2.主權「超憲法規範性」理論的提出，乃是基於
　國民主權原理擁護的觀點，故與主權鬆散論相
　反，而能夠解為是重視主權論傾向的表現。

3.論述到國際化的主權限制現象時，從國際人權
　論之強調而導出主權鬆散論的說法是不存在
　的，亦即人權之國際化與主權問題應該被分開
　來討論。

4.作為人權國際化之例子而被提出之歐洲市民或
　其他外國人的參政權問題，毋寧那是在主權
　論、市民權論之領域而被論述的。因為選舉權、
　被選舉權之本質是市民的權利（主權的權利），
　而和人權有所區別，所以歐洲市民概念之導
　入，絕對不是人權國際化或國家主權鬆散論的
　歸結。

　　從以上主權鬆散論與主權擁護論兩種對立見解
之論點觀之，在九〇年代更加急速及劇烈地國際化潮
流趨勢下，主權理論已受到相當程度之影響而顯出變
化的性質。惟吾人認為，要形成無主權社會的世界共
同體，就目前而言是相當困難的，因為隨著各國政治、
經濟、宗教、種族或文化的差異，在欠缺共同意識或

生命共同體之基礎下，如何能完全打破國家固有藩籬
疆域而形成一體，難謂不具疑問。但是就積極側面而
言，這種突破傳統觀念之主權鬆散論的提出，未嘗不
是一個新的契機，或許有助於大和解時代之來臨也說
不定。因此，希望在藉由促進國際化最大原動力之經
濟和資訊因素影響下，人類社會能夠透過不斷的接觸
與溝通來努力增進彼此之諒解與尊重，使得主權理論
於將來能不再作為國與國、人與人之間的抗爭工具，
進而達到所謂的「大同世界」。

■主權主體的地域化──「國民」國家朝向「民族」 國家的轉變

　　學者有謂：主權的觀念起源於發展中的政府及地
域團體間的緊密結合，故主權觀念提供了萬一權力劃
分或勢力合作壟斷的狀況發生時，唯一可確保權力有
效的運用方式[101]。因此，更妥當的說，不論是要消除
地域團體與政府間的對立或減少它們間的衝突，在在
都需要一個觀念，那就是：國家主權是一個用來保障
地域團體有效行動及政府統治權的方法[102]。但是事實
上，在複數民族國家的場合，國家主權未必能夠解決
或統合各民族本於地域觀念或基於國民主權之要求所

造成之人民內部的分裂現象。

　　在冷戰終結後，隨著蘇聯的瓦解及許多東歐共產世界國家內部的分裂，已使得向來的「國民」國家產生了比較明顯的解體傾向。例如前南斯拉夫和捷克斯洛伐克，已由複數民族所構成的「國民」國家朝向「民族性」國家或「地域性」國家而轉變。首先，就前南斯拉夫而言，其係由六個共和國和二個自治省所組成，並處於有歐洲火藥庫之稱「巴爾幹半島」的西北端，早在十五世紀時，土耳其人便已侵入了馬其頓（Macedonia）、塞爾維亞（Serbia）、蒙特尼哥羅（Montenegro）等傳統屬東正教（Eastern Orthodoxy）的文化區域，將伊斯蘭教（回教）（Muslim）深植於波士尼亞（Bosnia-Herzegovina）境內；而屬於羅馬天主教（Roman Catholic）地區之斯拉維尼亞（Slovenia）和克羅埃西亞（Croatia），便成了阻止回教勢力繼續西進之堡壘。也因為這樣，南斯拉夫便有著三種文化互相交錯，而造成了現今分裂的因素之一。在一九九一年六月二十五日，因南斯拉夫的斯拉維尼亞和克羅埃西亞兩個共和國的正式宣布獨立，可說是南斯拉夫分裂和內戰的起源，而以塞爾維亞共和國為主體之前南斯拉夫聯邦武力的介入，又為其內戰全面化的衝突點

[103]。之後各共和國亦相繼宣布獨立，使得內戰更加熾熱化。在內戰的過程中，塞爾維亞人占了絕大部分之優勢，並於一九九三年中期控制了波士尼亞大部地區[104]。惟不管如何，南斯拉夫聯邦已因境內各共和國之紛紛獨立而告瓦解。

　　其次，就捷克斯洛伐克共和國而言，該國亦於一九九三年一月一日分裂成兩個新興獨立的國家，但與南斯拉夫不同的是，捷克的分裂是經過談判、協商且在非常和平的過程中所達成的，並未出現內戰的情況。原本捷克主要由波希米（Bohemia）、摩拉維亞（Moravia）和斯洛伐克（Slovakia）三大部分所組成，波希米和摩拉維亞屬西部地方，斯洛伐克屬東部地方，因有鑑於東歐許多地區之改革開放等諸多困難，所以屬於比較貧窮的斯洛伐克，其人民便傾向於回復到原先在共產主義統治下之安全和穩定狀態，故成立了斯洛伐克共和國；而在高度工業化之波希米和摩拉維亞，雖然知道改革的艱難，仍願意繼續朝向民主化的方向前進，故彼等合起來組成了捷克共和國。至此，自一九一八年十月二十八日迄一九九二年底止之捷克斯洛伐克共和國，便在不同之政治、經濟因素考量下，隨著地理上的界線而分裂成了兩個國家。

　　另外，亦值得注目的是於一九九五年十月三十日在加拿大魁北克省所舉行有關獨立之公民投票，最後統派以 50.5%對 49.5%的些微差距獲勝，暫時化解了加拿大聯邦領土分裂的危機。這次舉世矚目（尤其是對西方自由世界）的公民投票，可說是法裔與英裔兩個不同族群間的角力較勁，但作為憲法問題而應該重視的卻是「民族主義」突破了「聯邦主義」的限制，產生了國家權力結構必須重新分配重組的危機。所以加拿大今後要化解中央與地方所生的憲政僵局，勢必只有重整憲政結構一途，以讓魁北克省願意繼續留在加拿大體系內。不過，就這次魁省要求獨立之公民投票行為，實有發人省思之處：

　　首先，魁北克獨立運動之本質是反聯邦，主要是認為少數族群之利益無法透過聯邦主義獲得最終的確保。但是加拿大政府早已對魁北克省多所讓步，如承認魁北克是「獨特社會」、允許魁北克人出任黨政高官和三分之一大法官、允許魁北克對修憲有否決權、給予魁北克超乎比例的經濟補貼等，但這些措施似乎未得到效用，是故顯然的，「聯邦主義是否足以解決多數族群與少數族群間的主權歧視，魁獨運動是一個徹底的反面教材」[105]。

　　其次，加拿大聯邦政府對魁北克省諸多的優惠措施，竟受到幾近漠視的地步，使得贊成獨立者差一點就贏得此次的公民投票，這其中究竟意味著什麼？而吾人能謂魁北克省贊成獨立之民眾皆是盲目而受煽惑之人？或許「魁北克公投的教訓是：當一群人們甘願延後，乃至犧牲他們的物質利益時，我們只能在他們靈魂的深處尋找答案」[106]！

　　最後，雖然公民投票的本身並非是解決問題的良好方式，因為它暴露了赤裸裸實力與實力對抗的一面，並容易激化正反雙方對立衝突的可能性。但是從另一個角度衡量時，至少它凸顯了「問題」之存在，並且有助於探求大多數人的民意取向。儘管如此，惟此種已在許多國家或地區舉行過之追求獨立的公民投票行為，由於具有極高度之政治性，實已逾越了一般公民投票作為導正政府施政、反映輿論及形成政策目的之性質，而製造了國民主權、國家主權的分裂。

　　從這些例證我們可以看到，現今世界有許多融合多民族的「國民」國家，因為種種複雜的因素已經或逐漸的分解成為「民族」國家或「地域性」國家，而此似乎也印證了所謂「分久必合、合久必分」的歷史法則。惟這樣的情勢是否會持續不斷地發生或對二十

一世紀之世界局勢有如何之影響，就有待我們繼續觀
察了。

■對外國人地方參政權的給與

關於外國人地方參政權的問題，大致可追溯至二
十世紀中期之歐洲共同體設立開始，而以現今之歐洲
統合（尤其是馬斯垂克條約簽訂後）為達到發展較為
成熟的階段。惟這樣的外國人，通常係指非受永久居
住許可但已持續相當時間滯留在該住在國內而擁有一
定之住所或居所，並與該住在國人民和地域發生緊密
生活關係的外國人而言。

至於歐洲共同體（European Community，以下簡
稱 EC），其實是由「歐洲煤鋼共同體」、「歐洲原子能
共同體」、「歐洲經濟共同體」三個共同體組成，於一
九五八年基於「羅馬條約」而設立，其中羅馬條約更
明文要求在共同體的「工作者遷移自由」（freedom of
movement for workers）應該給與保障[107]，於是在這一
個原則要求下，使得 EC 內之各加盟國人民可在域內
自由流動以謀求自己的生活，惟亦因為如此，方才產
生了所謂外國人定居的問題，此後更在住民自治（特
別是該等外國人對自治體亦盡了納稅義務）和人權維

護要求的影響下，造成此等外國人強烈地希求能享有住在國之地方參政權。所以，外國人地方自治體參政權導入的背景，簡言之不外乎以下兩點：

1. 該等外國人因長期滯留的緣故，已使得彼等與住在國之地域行政發生了密切之利害關係，即使彼等在和住在國家的關係上，仍然保留回歸母國的歸屬意識，但是對於直接影響其自身生活之住在國地域行政，卻有著要求行使地方議會選舉權之發言權的強烈聲音[108]。

2. 在 EC 之一切加盟國，基於相互主義的原則，對於滯在本國內之其他加盟國國民，須以賦予其地方議會選舉權和被選舉權為目標[109]。而依據各加盟國國民直接選舉產生之議員所構成的歐洲議會，在一九八三年六月八日決議後，就表明了支持外國人享有地方議會選舉權的態度，並對基於各加盟國合意任命所構成之 EC 執行委員會，要求作出課予對加盟國導入外國人享有地方議會選舉權的命令草案，而 EC 委員會本此遂於一九八六年十月七日提出了「關於地方自治體選舉之共同體加盟國市民選舉權

報告書」，且於一九八八年六月二十二日決定了
由 EC 理事會提出之「關於在滯留國地方自治
體選舉之加盟國國民選舉的提案」[110]，而使得
加盟國中外國人地方參政權之行使獲得了明確
的方向。惟最重要者，乃是 EC 各加盟國於一
九九二年所簽訂之馬斯垂克條約，其該條約 8b
條 1 項規定：「在自己國家以外而住於其他加盟
國的同盟國市民，對於該當加盟國之地方自治
體選舉，有與其國民相同條件之選舉權及被選
舉權。」

　　惟無論如何，由於外國人地方參政權的問題牽涉
到選舉制度、地方自治體、國會議員、國家主權與民
主性要求等眾多複雜事項，更與傳統強調之「國民主
權」原則有所牴觸，所以外國人參政權問題實已對「主
權」概念產生了衝擊，使得原有主權觀念和意義都亟
待重新的定位和出發，或採取更包容、更廣泛的解釋
和運用。而關於這樣一個新興的課題，將於本書第三
章再予詳細論述。

■國際組織（歐洲聯盟）對主權發展的影響
　　關於歐洲統合的初步成功，首推歐洲共同體此一

國際性組織的設立。至於促使歐洲統合發生的原因，大略地說乃是歐洲各民族認清以往相互間之衝突、摩擦所帶來的無數慘痛經驗和教訓，而瞭解到彼此命運休戚與共的依存關係，因此醞釀了歐洲統合的理念[111]。惟實際上，在八○年代前半期，歐洲統合之腳步因為各會員國缺乏相當之共識而推展緩慢，為此，政治整合始終不如經濟整合來得有成效，究其原因，政治統合中有關政治合作、共同體安全防禦等重要工程，因涉及各國主權的行使與受諸多國際客觀條件的影響，遲遲無法獲得突破性的進展[112]。不過，這樣的情況在八○年代後半期有了顯著的改善，而較重要者便是歐體十二會員國於一九八六年時簽署了「歐洲單一法案」，加速共同體邁向政治聯盟的發展。

・馬斯垂克條約的影響

　　但最值得注目者，則是共同體之會員國領袖於一九九二年二月間在荷蘭馬斯垂克鎮所簽署的「歐洲聯盟條約」（簡稱「馬斯垂克條約」，Maastricht Treaty），更進一步地賦予了歐洲統合新的法制基礎。至此，歐洲共同體也在馬斯垂克條約第 A 條 1 項之「各締約國經由本條約建立歐洲聯盟」的規定下，改名為歐洲聯盟（European Union）。不過，茲有疑義者，乃是「歐

洲聯盟」這一組織體之法律地位究係如何？似乎有加
以研究的必要。學者認為：歐洲聯盟是一「具有準政
府性質之主權機關」[113]，而「該機關被賦予包括立法、
行政、司法三權在內之主權，而此主權之取得係由會
員國移轉其部分主權而來」[114]；因此，原先創立歐洲
聯盟之條約性質類似於一般主權國家之憲法[115]。對於
這樣的論點，基本上亦可從歐洲聯盟之法規範與各會
員國本身之法規範的關係得到明證，尤其是歐洲聯盟
的法令比起各會員國之內國法（包括會員國本身之憲
法）有優先適用的效力；所以，歐洲聯盟此一區域性
之國際組織實已具有「準政治實體」的地位，並突破
了傳統國際法上只有「國家」方得作為國際政治主體
的資格，歐洲聯盟可謂是一個「超國家」[116]的組織。
於是就國家主權的側面觀之，歐洲統合改變了以往強
調「主權不能讓渡」的論點；然而嚴格地說，這樣的
「主權讓渡」其實不外是組織間的「權限移轉」或「權
限劃分」的現象而已，因為就國民主權的側面觀之，
歸屬於人民享有之主權若可讓渡給第三者，則國民主
權原理將失其存在的意義和目的！

　　再者，對歐洲統合具有關鍵地位之馬斯垂克條
約，其確立了三項重要的原則：(1)輔助性原則；(2)

基本人權的保障；(3)歐洲聯盟公民權[117]。其中，輔助性原則涉及歐盟與各會員國之權限分配，而歐洲公民權的賦予則表示各會員國成立歐洲合眾國的決心[118]。惟事實上，強調各會員國無法有效達成目標而歐盟才可介入的輔助性原則，大抵可謂是一種聯邦主義的產物，故其著眼於分權的理念，以維護各會員國在一定程度上的「主權獨立性」；可是對於歐盟而言，「歐洲統合具有整合傳統民族國家任務的意涵，亦算是一種中央集權化的過程」[119]，因此輔助性原則之本身存在著矛盾現象，所以「應如何去明確界定出共同體機構與各會員國之權責，最終可能仍屬歐洲制憲者的任務」[120]。復次，就歐洲聯盟朝向歐洲合眾國（聯邦國）發展之路，亦是有著相當的變數，其原因是「歐洲政治的弱點，除了民族主義作祟外，國家對共同體維護個別的政治利益信心不足，及其對主權的重視，都成為無可取代的重心」[121]，故「就各會員國的國家利益來說，共同體會員國內一直存有『民族國家本位立場』及『聯邦主義者』的分歧意見」[122]。

• 申根公約的影響

　　與馬斯垂克條約一樣對主權產生重要影響者，則

是所謂的「申根公約」（Schengener Abkommen）的簽
訂。原本，早在歐洲共同體時期就已確立了人員自由
遷移的原則，而歐洲單一法案的簽署亦確立了這樣的
原則，「但直至申根公約施行協定第 2 條第 1 項規定，
在締約國間廢除內部邊界檢查直接適用的義務，並於
一九九五年三月二十六日正式施行後，才在七個締約
國間實現事實上的人員自由流通」原則[123]。然而，關
於申根公約之規定有兩點是值得注意的：

1. 締約國邊界檢查之廢止：原則上，所有在締約
   國內的人不受任何的檢查，得越過內部邊界
   （binnengrenzen），但同時加強外部邊界的檢查
   （aussengrenzen），並在一致原則的範圍內保證
   外部邊界的檢查[124]。

2. 締約國警察權的行使：警察機關在一定之要件
   下，對於特定的犯罪行為，得越過本國的邊界
   而在其他締約國的領土範圍內行使職權，而造
   成警察職權超越國家領土的擴張效果與聯繫
   [125]。因此，申根公約的簽署，實已導致締約國
   「領土高權」互相產生擴張和限縮的情事，換
   個角度來說，這是締約國對本身之國家主權的

　自我設限，並使得傳統主權所強調之獨立性和
絕對性產生了重大的改變。

註　釋

[1]長谷川憲，〈主權〉，收錄於杉原泰雄編，《講座・憲法學の基礎 1・憲法學の基礎概念Ⅰ》，勁草書房，1989，頁 54。

[2]長谷川憲，同註[1]，頁 54。

[3]長谷川憲，同註[1]，頁 54。

[4]主權概念最初的課題，乃是為了否定國內封建勢力的權威，及否定來自國家之外、擁有超國家性之羅馬教皇和神聖羅馬帝國皇帝之權威。因此，在這個時期，主權對外的層面上，其所對抗的是超國家的權威，而非其他國家。因而在國際關係中所能意識到之獨立意味的觀念，於此尚不存在。參見長谷川憲，同註[1]，頁 54 以下。

[5]蘆部信喜，〈國民主權（一）〉，《法學教室》，54 號，1985，頁 16。

[6]蘆部信喜，同註[5]，頁 16。

[7]陳新民，《中華民國憲法釋論》，自版，1995，第 73 頁。

[8]長谷川憲，同註[1]，頁 56。

[9]阿部照哉・池田政章編，《憲法（1）總論》，有斐閣，1988，頁 62。

[10]逯扶東，《西洋政治思想史》，三民書局，1991，頁 254 以下。

[11]中川剛，〈權力分立〉，收錄於杉原泰雄編，《講座・憲法學の基礎1・憲法學の基礎概念Ⅰ》，勁草書房，1989，頁 54。

[12]長谷川憲，同註[1]，頁 57。

[13]阿部照哉、池田政章編，同註[9]，頁 47。

[14]孟德斯鳩所提出之三權分立理論，係屬於古典的三權分立理論，與現代所實行之三權分立制度不同。依照他的理論，立法權係根據人民代表團、貴族團、君主三方面之協力而行使；行政權則屬於君主一人掌握；司法權原則上雖由人民所選出之裁判官行使，但卻有許多的例外，且裁判官也只是「口述法律」的一種「無生物」而已，屬不具意義的存在。所以就孟德斯鳩權力分立論之實質而言，那並非是觀念上的權力分立體系，而應該說是根據三種社會身分之國家權力分擔掌管體系。參見結城洋一郎，〈ロックとルソーとモンテスキュー〉，收錄於杉原泰雄編，《講座‧憲法學の基礎 4‧憲法思想》，勁草書房，1989，頁 26-28、30。

[15]結城洋一郎，同註[14]，頁 25。

[16]結城洋一郎，同註[14]，頁 24。

[17]結城洋一郎，同註[14]，頁 24。

[18]結城洋一郎，同註[14]，頁 24。

[19]西島法友，〈ルソーにおける憲法思想〉，《法政研究》，45卷 1 號，頁 70。

[20]西島法友，同註[19]，頁 71。

[21]西島法友，同註[19]，頁 72。

[22]在此需要特別指出的，乃是盧騷認為個人應該放棄「絕對的」毫無拘束的權力來締結社會契約的讓渡說，與社會契約締結後人民擁有之主權=國家權力不可讓渡的說法，是屬於不同位序的觀念；亦即，前者乃是先於後者而存在。此外，盧騷認為：「每個人既然是向全體奉獻出自己，因此，

他並沒有向任何人奉獻出自己；而且，既然從任何一個結合者那裡，人民都可以獲得自己本身所讓渡給他的同樣權力，所以人們就得到了自己所喪失的一切東西的等價物，而且得到了更大的力量來保全自己的所有。」（參見博登海默著、結構群編譯，〈法理學〉，結構群文化事業有限公司，1990，頁75）所以，就結果而言，兩者實質上並無不同。

[23]沈清松，〈盧梭社會契約論的評析：一個契機性迷思的轉變〉，收錄於張福建、蘇文流主編，《民主理論：古典與現代》，中研院社會科學研究所，1995，頁67。

[24]西島法友，同註[19]，頁86。

[25]結城洋一郎，同註[14]，頁42。

[26]西島法友，同註[19]，頁87。

[27]長谷川憲，同註[1]，頁58。

[28]浦田一郎，《シエースの憲法思想》，勁草書房，1987，頁131。

[29]浦田一郎，同註[28]，頁140。

[30]浦田一郎，同註[28]，頁140。

[31]浦田一郎，同註[28]，頁141。

[32]浦田一郎，同註[28]，頁141。

[33]浦田一郎，同註[28]，頁145。

[34]浦田一郎，同註[28]，頁146。其實，在西耶的理論中，其所提及關於主權行使的問題，基本上可以分成兩個層次來說明。第一，乃是超實定憲法之憲法制定權力之行使方面；第二，係實定憲法中國家權力（主要是立法權）之行使方面。關於制憲權的行使，他則認為應由國民所選出之「特

別代表」為之；但在國家權力之行使，他則認為係由「一般代表」行之即可。因此在他的理論中，不論制憲權或國家權力，都須藉由代表為之。

[35]浦田一郎，同註[28]，頁147。

[36]在一七八九年六月十八日時，第三階級（第三身分之國民）正式自行宣布全國身分會議為「國民會議」。其後國民會議欲在凡爾賽宮預先指定之會場開會時，為守軍所拒，於是在領袖米拉波和西耶的領導下集會於網球場，以「國民會議」議員之資格舉手宣誓，誓言非制定憲法，絕不解散（參見羅志淵，《法國政府及政治》，頁42）。此外，從歷史觀之，對於當時的資產階級而言，全國身分會議是對抗王權並奪取國家權力所不可欠缺的媒介，而且為了這樣的目的，也意味著把作為單純諮詢機關之全國身分會議轉換為國家權力之行使機關是不可欠缺的事情。參見和田進，〈フランス革命初期における國民代表思想の檢討（一）〉，《法學論叢》，99卷4號，1976，頁49。

[37]浦田一郎，同註[28]，頁149。

[38]當時因為封建制度的瓦解，所以資本主義所有制變成唯一新興的體制而逐漸盛行。但當時之資產階級若與特權階級作比較，仍然只能屬於小資本家而已，一樣受到特權者的壓榨和剝削，故與後來資本主義成熟期下之資產階級有所不同。所以在法國大革命時期的資產階級，亦包含於西耶所謂的「第三身分」之國民在內。換言之，在歷史發展的過程中，早期係屬於「資產階級（與其他階級）→特權階級」之對抗，而後轉變為「無產階級→資產階級」的鬥爭。

[39]Qu'est-ce que le Tiers état ? ,chapitre 5, pp.182-184。轉引自浦田一郎，《シエースの憲法思想》，頁 168。

[40]Qu'est-ce que le Tiers état ? ,chapitre 5, pp.182-183。轉引自浦田一郎，《シエースの憲法思想》，頁 168。

[41]和田進，〈フランス革命初期における國民代表思想の檢討（二）〉，《法學論叢》，100 卷 4 號，1977，頁 71。

[42]光信一宏，〈シエースの代表制論についての覺書（二）〉，《愛媛法學會雜誌》，19 卷 2 號，1992，頁 25 之註[1]參照。

[43]浦田一郎，同註[28]，頁 156。

[44]浦田一郎，同註[28]，頁 169。

[45]浦田一郎，同註[28]，頁 166。

[46]浦田一郎，同註[28]，頁 165。

[47]光信一宏，〈シエースの代表制論についての覺書（一）〉，《愛媛法學會雜誌》，18 卷 3 號，1991，頁 118。

[48]光信一宏，同註[47]，頁 119。其引述了法國學者 Colette Clavreul 於法國巴黎第一大學所提出之博士論文的見解。

[49]光信一宏，同註[47]，頁 120。同上。

[50]和田進，同註[41]，頁 68。

[51]和田進，同註[41]，頁 68。

[52]長谷川憲，同註[1]，頁 59。

[53]蘆部信喜，同註[5]，頁 15。

[54]蘆部信喜，同註[5]，頁 15。

[55]越路正己，《現代憲法論》，敬文堂，1988，頁 9。

[56]劉慶瑞，《中華民國憲法要義》，三民書局，1989，頁 35。

[57]呂亞力，《政治學》，三民書局，1991，頁 76。

[58]呂亞力，同註[57]，頁77。

[59]《中央日報》，八十五年二月二十五日，第一版。

[60]《中央日報》，同註[59]。

[61]傅肅良，《中國憲法論》，三民書局，1989，第86頁。

[62]關於日本天皇所為國事行為之範圍，基於日本國憲法第 7 條之規定，有以下十種：一、公布憲法修正、法律、政令及條約。二、召集國會。三、解散眾議院。四、公示國會議員總選舉之施行。五、任免國務大臣及法律規定之其他官吏，並認證全權委任狀、大使及公使之信任狀。六、認證大赦、特赦、減刑、免除刑之執行及復權。七、授與榮典。八、認證批准書及法律所規定之其他外交文書。九、接受外國大使及公使。十、舉行儀式。

[63]所謂大嘗祭，乃是感念五穀之豐收，獻上新穀而宴請天祖和天地神祇之祭典。因此相對於每年舉行之祭典的新嘗祭，於新天皇即位之際所舉行之祭典，便稱為大嘗祭；所以大嘗祭對以往所謂之天皇而言，是極重要的儀式。參見針生誠吉、橫田耕一，《國民主權と天皇制》，法律文化社，1983，頁388；森英樹，〈大嘗祭〉，《法學教室》，123 號，1990，頁6-7。

[64]有學者認為，在國民主權的憲法下，支配運作國家而帶給國民安全和幸福者，既非天照大神，也非天神地祇，而是國民每個人「不斷的努力」（日本國憲法12條）。所以基於這樣的觀點，對於大嘗祭之舉行是否適當，則難謂不具疑問。參見笹川紀勝，〈即位の禮・大嘗祭と憲法〉，《ジュリスト》，974 號，1991，頁73。

[65]齋藤憲司,〈即位の禮・大嘗祭〉,《ジュリスト》,974號,1991,頁129。

[66]清水睦,〈象徵天皇制〉,《ジュリスト》,1073號,1995,頁9。

[67]笹川紀勝,〈立憲主義と天皇〉,收錄於樋口陽一編,《講座・憲法學2・主權と國際社會》,日本評論社,1994,頁228。

[68]笹川紀勝,同註[68],頁228。

[69]笹川紀勝,同註[68],頁229。

[70]針生誠吉、橫田耕一,同註[63],頁377。

[71]針生誠吉、橫田耕一,同註[63],頁378。

[72]針生誠吉、橫田耕一,同註[63],頁386。

[73]瀧澤信彥,〈閣僚の靖國神社公式參拜〉,別冊《ジュリスト》,109號,1991,頁56。

[74]參見〈愛媛玉串料訴訟最高裁大法廷判決〉,《ジュリスト》,1114號,1997,頁44以下。松井茂記,〈愛媛玉串料訴訟大法廷判決の意義〉,《法學教室》,203號,1997,頁18以下。

[75]孝忠延夫,〈忠魂碑の移設・再建に對する公金支出及び同碑前での慰靈祭への公人參列等の合憲性〉,別冊,《法學教室》,162號,1994,頁12。

[76]陳新民,同註[7],頁78。

[77]Ranny著,胡祖慶譯,《政治學》,五南圖書出版公司,1992,頁281。

[78]Ranny著,胡祖慶譯,同註[77],頁282。

[79]岡田章弘,〈イギリすにおける「國會主權」論〉,《法律時

報》，62 卷 2 號，1990，頁 18。

[80]岡田章弘，同註[79]，頁 18。

[81]岡田章弘，同註[79]，頁 18。

[82]許慶雄，《憲法入門》，月旦出版公司，1992，頁 235。

[83]山下威士，《憲法學と憲法》，南窗社，1987，頁 204。

[84]結城光太郎，〈憲法改正無限界の理論〉，《山形大學人文學部紀要》，1 卷 3 號，頁 58。轉引自山下威士，《憲法學と憲法》，頁 204。

[85]渡邊良二，〈國家〉，收錄於杉原泰雄編，《講座・憲法學の基礎 1・憲法學基礎概念 I》，勁草書房，1989，頁 10-11。

[86]渡邊良二，同註[85]，頁 15。

[87]江橋崇，〈國家・國民主權と國際社會〉，收錄於樋口陽一編，《講座・憲法學 2・主權と國際社會》，日本評論社，1994，頁 57-58。

[88]江橋崇，同註[87]，頁 58。

[89]山內敏弘，〈國家主權と國民主權〉，收錄於樋口陽一編，《講座・憲法學 2・主權と國際社會》，日本評論社，1994，頁 33。

[90]陳新民，同註[7]，頁 83-84。

[91]值得注意者，則是國內學者薩孟氏提及美國最高法院於一七九三年 Chisholm V. Georgia 之案件中，曾判決云，「聯邦關於各邦所讓與的權力，是有主權的；同時各邦關於其所保留的權力，也是有主權的」，因此在美國之實務和學說上，均認為主權可以分割。不過對於此點，薩氏認為在「聯邦法破地方法」等大原則下，主權仍然是在聯邦不是在各

邦，故在聯邦國，主權還是唯一的，並未曾分割於聯邦和
各邦之間。參見薩孟武，《政治學》，三民書局，1983，頁
57-58。

[92]Robert A. Jones, *The Soviet Concept of Limited Sovereignty
from Lenin to Gorbachev : The Brezhnev Doctrine, Macmillan*,
1990, p.89.

[93]Robert A. Jones, ibid., p.89.

[94]陳新民，〈國家主權理論與漸進統一之階段〉，收錄於陸委
會委託之專案研究報告《分裂國家統一經驗研究：以德國
和韓國為例》，1992，頁8。

[95]江橋崇，〈主權理論の變容〉，《公法研究》，55號，1993，
頁14。

[96]江橋崇，同註[95]，頁14。

[97]江橋崇，同註[87]，頁65。

[98]江橋崇，同註[87]，頁65-66。

[99]江橋崇，同註[87]，頁67。

[100]辻村みよ子，〈國際化・地域化のなかの國家主權・國民
主權〉，《法律時報》，67卷6號，1995，頁20。不過須注
意的是，在辻村みよ子之前，學者高野雄一曾在一演講中
就「國際社會之組織化」和「在國際法秩序中之個人地位」
等觀點發表看法時，就已經表示國家主權雖然在國際社會
的組織化中產生變化、受到限制之情事，但所謂主權被否
定而消滅之事是不可能發生的。因為要放棄主權而成為世
界一體，必須具備兩個不可欠缺的要件。第一，當然是人
類的互相接觸、相互交流，而使一體性組織能夠形成（內

在要件）；第二，則是地球社會在對外上必須處於複數的存在之中，例如當初北美十三州之所以最後能成為美利堅合眾國，乃是有殖民地本國之英國存在（外在要件）。而地球社會本身並不具有外在性（除非是對其他星球而言），故在看得見的將來，國家主權消滅之事是不被考慮的！參見高野雄一，〈國家主權の今日意義〉，《國際法外交雜誌》，89 卷 5 號，1990，頁 11-12。

[101]F. H. Hinsley, *Sovereignty*, Cambridge University, 1986, p.222.

[102]F. H. Hinsley, ibid., p.223.

[103]張顯耀，《歐洲聯盟──發展「共同外交暨安全政策」之研究》，幼獅文化事業公司，1995，頁 124。此外，作為南斯拉夫分裂主因之一，張氏認為「大塞爾維亞主義的興起」是很重要的原因，因為在一九八九年科索沃自治省（Kosovo）曾發生過暴亂，當時塞爾維亞人立即予以血腥鎮壓，事後還剝奪該省阿爾巴尼亞人的自治權，引起了其他民族的不安。參照張氏著，頁 100 以下。

[104]南斯拉夫內戰本來主要係在塞爾維亞共和國（主張聯邦）與克羅埃西亞共和國（主張邦聯）之間，但最後之所以轉移至波士尼亞境內，乃係波國於一九九二年二月二十九日舉行了公民投票，以 99.4% 壓倒性多數贊成獨立，侵害到了波境塞人權益，遂引發了塞爾維亞人幫助波境塞人之另一波內戰。參見張顯耀，同註[103]，頁 97。

[105]郭正亮，〈聯邦主義無法化解民族主義問題〉，《中國時報》，一九九五年十一月一日，第十一版。

[106]《中國時報》，同註[105]。

[107]張炳煌、邱晃泉著，《歐洲共同體解讀》，月旦出版公司，1993，頁132。關於定住外國人之參政權問題，其本質上是與人權有著密切之關連。因為「『共同體法律並不將一個移民勞工視為只是一個勞力資源，而是將他當作一個人來看待』。共同體執行委員會所頒定的一六一二／六八號規則，並將工作者遷移自由定義為是一種『基本權利』和『尊嚴』」，所以在這樣一個前提下，定住外國人參政權的給與便成了確保工作者遷移自由後作為改善自身生活、提升社會地位的手段。參照張氏著，頁133。

[108]宮地基，〈外國人の選舉權をめぐる憲法上の論點について〉，《神戶法學年報》，7號，1991，頁246。

[109]宮地基，同註[108]，頁248-249。

[110]宮地基，同註[108]，頁249-250。

[111]張顯耀，同註[103]，頁18。

[112]張顯耀，同註[103]，頁16。

[113]王泰銓，〈歐洲共同體法之性質〉，《台大法學論叢》，25卷3期，1996 ，頁175。

[114]王泰銓，同註[113]，頁176。德國基本法第24條1項規定，「聯邦得經由法律將統治高權移轉給國際設施」；而法國憲法於馬斯垂克條約簽訂後所新增的第88條之2亦規定，「在相互性之保留下，並根據一九九二年二月七日就歐洲同盟問題而簽訂之條約所規定方式，法蘭西同意移轉必要之權限，以供成立歐洲經濟暨貨幣同盟，並確定有關穿越歐洲共同體會員國疆界之規則」。

[115]王泰銓，同註[113]，頁176。

[116]張炳煌、邱晃泉著，同註[107]，頁244。

[117]周德旺，〈馬斯垂克條約基本原則之研究〉，《問題與研究》，34卷8期，1995，頁58。

[118]周德旺，同註[117]，頁58。

[119]吳東野，〈歐洲聯盟條約「輔助原則」條款之理論分析〉，《問題與研究》，33卷11期，1994，頁15。

[120]"A Vision of Europe", in Financial Times, June 19, 1991. 轉引自吳東野，同註[119]，頁20。

[121]王泰銓，〈歐洲聯盟政治統合之發展〉，《問題與研究》，33卷8期，1994，頁48。

[122]王泰銓，同註[121]，頁51。

[123]陳麗娟，〈申根公約之研究〉，《美歐月刊》，10卷9期，1995，頁62。目前申根公約的七個締約國是德國、法國、比利時、荷蘭、盧森堡、西班牙與葡萄牙。

[124]陳麗娟，同註[123]，頁67。

[125]陳麗娟，同註[123]，頁72。

第三章
國民主權之學說
與制度的探討

一、近代市民革命和國民主權

　　就世界發展的歷史而言，自十六世紀中葉之後才
逐漸地有所謂君主專制國家的形成，而以十七、十八
世紀最為興盛。當時局勢是各國在政治上皆穩定地朝
著君主集權的道路發展，且各國君主關心的不外是如
何強化本身之國力，或如何能在外交方面取得優勢等
問題，所以一般大眾之權益便受到了漠視甚至被侵
犯；再者，由於廣大之人民常須忍受高度不合理之稅
捐負擔，及無法在政治上享有平等的地位，故最終地
導致了英國革命、美國革命及法國大革命的發生。而

學者有謂在十七、十八世紀之早期市民革命，其本質是屬於「資本家革命」，且在近代憲法原理中，也必然地表示了「資本家」的特質和界限[1]，因此所謂的資本家革命，其目的乃是把封建社會朝向資本主義社會來移行之謂。惟不論如何，近代市民革命所代表的意義確是民眾意識的覺醒，進而主張人民才是主權者之國民主權原理的體現。之後伴隨而來的，便是立憲主義的展開。而所謂的立憲主義，簡單地說便是基於憲法而實行統治的原理，也就是藉由憲法典之制定來宣示及確保人民自由與權利的原理。於是，國民主權原理便在立憲主義之中獲得了再一次的確認（實定法上的確認）。

　　首先，就英國的革命而言，影響英國民主政治甚鉅者乃是所謂之光榮革命。當時之君王詹姆士二世因喪失民心之故，於是國會中的王黨與民黨兩派議員便於一六八八年派人迎接出嫁在荷蘭的詹姆士二世之女瑪麗及其夫婿威廉回國為英王，號稱威廉三世，而迫使了詹姆士二世之逃亡。威廉三世即位後，國會便於一六八九年通過了著名的「權利法案」（Bill of Rights），其要點大略如下：(1)國王未徵得國會同意，不得徵稅募兵；(2)議員在國會中享有言論自由；(3)

國王對於國會議決通過之法案無否決權。從此之後，英國專制王權結束，國會成了最高立法機關，掌握了國家的最高統治權（議會主權）。

其次，就美國而言，在獨立建國前原係由英國的十三個殖民地所組成，且其中大半是來自於英國的貧民，當然他們也帶來了英國之議會制度與新的民主思想。而於十八世紀中葉時，法國之殖民地加拿大近在咫尺，北美十三州殖民地人民需要英國之保護，所以對於許多不合理的限制與剝削尚能忍受，但當英國擊敗法國而取得了加拿大之後，殖民地人民漸感不再需要母國的保護。此外英國在對法作戰期間因為耗費了相當大的財力，故戰後便在北美洲殖民地推行了各種賦稅制度。唯在英國傳統歷史下之殖民地人民深知政府開徵稅捐事先應徵得人民同意，但那些新稅卻未經十三州人民同意就悍然推行，於是新稅問題便成了美國一七七六年獨立革命之導火線，並最終地造就了美利堅合眾國之誕生。而引人側目者乃是於一七七六年七月四日所發表的獨立宣言，其要點大致為：(1)人人生而平等，保有不受侵犯之天賦人權；(2)任何政府的正當權力，均由人民所發；(3)政府如果違反天賦人權，人民可以武力推翻之。是故，國民主權原理於此

獲得了更明確之宣示。另外，許多州為了憲法的制定
均設置了特別會議，而在麻薩諸塞州對於憲法的承認
更實行了公民投票；同時，對於所謂的特別會議，人
民並未放棄其主權，只不過是將其委託了特別之代表
者而已，因此就此點來考慮時，醞釀憲法制定權力思
想之事是無庸置疑的[2]。

　　再者，繼美國革命後之十餘年，歐洲大陸於一七
八九年七月十四日亦發生了著名的法國大革命，其背
景不外是因為社會貧富不均、政府專制腐敗與民主思
潮的多重影響。而在法國大革命中最重要且影響後世
甚鉅者，乃是於同年八月二十六日經國民議會（係於
七月九日將六月十七日所成立之國民議會改名而來）
議決通過之「人權宣言」（共計十七個條文）[3]。其中，
該宣言的「前文」部分更明確指出了制定此宣言的目
的和意旨，亦即：「構成國民議會之法國人民的代表
們，當考慮到人民對於權利之無知、忘卻或輕視是導
致公眾的不幸和政府腐敗的唯一原因時，便決意把人
民不能讓渡之神聖自然權利，於此嚴肅的宣言中予以
提示。此宣言，願不斷地被社會體之一切構成員表示，
以使其不斷地想起他們的權利和義務。而立法權和行
政權之行為，願經常地在與一切政治制度之目的比較

後，能更加地得到尊重。人民的要求，基於簡潔而無論爭餘地的原理，願經常地朝向維持憲法和萬人的幸福而努力。如此，國民議會宣言人民以下的各種權利。」[4]此外，人權宣言第 3 條也明確地揭示了國民主權原理，謂：「一切主權之淵源，在本質上源自於國民（nation）。任何團體或個人（peuple），不得行使未經國民明示所發之權威。」所以，法國大革命的成功和人權宣言的發布，可說是主權在民之理念於歐洲大陸得到了初步確立的重大成就。

二、法國的「國民主權」與「人民主權」學說之爭議

　　前面已經檢討過近代的市民革命與國民主權實有著密切的關聯性，其中尤以法國大革命最為人所注目。而法國自此以降，因為民眾各階層所需利害程度之不同（主要係上層階層與下層階層民眾對近代化要求不同所生之衝突和對立），使得種種的爭論被反應到憲法原理之中，而造就了相當豐富之有關主權方面的討論。以下便以法國的國民主權理論為基軸，來探究

國民主權理論此一嚴肅的課題。

　　在法國關於主權的理論中，主要是分成「國民主權」原理（nation）與「人民主權」原理（peuple）兩個不同的層面來討論。不過首先須加以指明的，乃是這兩種概念於其他國家的憲法理論中並未被廣泛地援用、甚至未被積極的論述，此點是我們所必須注意的。至於原因為何，吾人認為如果從歷史及社會學的角度觀察，或許可說是與民族本身之解放程度所導致的民族特性有關。畢竟法國係整個歐洲革命的發源地，且在當時文藝復興、人文科學及革命洗禮等因素的影響下，法國人民追求自由、民主及近、現代化的民族個性自然較一般國家人民來得強烈，此從法國政治的動盪不安（如在第五共和之前內閣經常地更迭）可見一斑，而在近代其他國家的發展歷程中，由於民眾並未清晰地建構起自體的「主權意識」，所以原則上對於主權理論的探究，大致係存在於「國家」與「人民」的關係上，而未似法國之「國民主權」與「人民主權」更強調著民眾階層間之「上層階級」與「下層階級」的對抗。但儘管如此，吾人認為從歷史的發展和演變觀之，其實每個國家之人民皆存在著這樣的階級對立性（例如：現代之資產階級和勞動階級的對抗關係假

使不存在的話，又如何會成就勞動法學蓬勃的發展
呢？）[5]，因此當然地便會存在著類似法國「國民主
權」與「人民主權」的討論問題！

(一)引用法國「國民主權」與「人民主權」的理由

一般在論述國民主權的場合，對於法國之「國民
主權」與「人民主權」之區分向來是不太被意識到的，
已如前述。但是，日本之杉原泰雄及樋口陽一兩位學
者，從七〇年代積極地引進法國兩種國民主權的爭
論，經過了十幾年的期間後，已使得「國民主權」與
「人民主權」理論在日本為憲法學界所接受（當然亦
存有反論）。至於這兩位學者導入法國兩主權理論的理
由，基本上可分述如下：

> 1.根據樋口陽一的見解，市民革命時期的憲法於
> 　理論上、體系上被定型化的同時，存在著「從
> 　上的改革」和「從下的改革」兩個近代國家型
> 　態之差異。在這意義之下，革命時期的法國憲
> 　法史就有非常重視的必要；再者關於主權論，
> 　意識到「國民主權」與「人民主權」區分的這

件事情，也是關係到具體的統治機構在應有狀態上的差異。而且對於樋口陽一來說，比起主權論，其更大的關心毋寧是在憲法統治機構之現實的機能分析[6]。

2.杉原泰雄的見解，認為法國在近現代史的任何階段，比起其他任何國家來說，明確地把自己各種要求提高到憲法原理之鬥爭，而且關於主權原理，法國豐富的歷史更是其具體的表現；因此，構造、主體、歷史意義皆不同之「國民」與「人民」兩主權原理的區分，及現代強烈的表現由前者朝向後者之歷史的過渡性格，對於考慮國民主權而言是極重要的[7]。

　　所以對於國民主權理論的探討，吾人亦將藉由日本學界對法國主權理論的研究來予以闡述。不過在進入國民主權的探究之前，杉原泰雄和樋口陽一兩位學者對於法國主權理論的導入卻有著不同的態度而須加以說明，亦即，在樋口陽一的場合，其導入是部分的，而杉原泰雄卻是全體的；其中樋口陽一把「憲法制定」作為為了明確說明其產生「主權」之憲法存在構造的道具概念而使用，相對地，杉原泰雄卻是透過近現代

史而為階級鬥爭的呈現，以實體地來把握「主權」原
理[8]。

(二)「國民主權」與「人民主權」的分析

　　「國民主權」（nation），在法國大革命後被作為
近代憲法原理而樹立（最先係在法國的一七九一年憲
法），其後法國的各個憲法，到現代仍然一貫地以「國
民主權」為其基本原理，其中除了比較明顯地標明「人
民主權」之一七九三年憲法（世稱賈克賓憲法）外，
其他之法國憲法大致上係依據「國民主權」而設立[9]。
所以「國民主權」與「人民主權」兩者的異質性，在
法國憲法學中一般是被承認的。至於「國民主權」之
法的性格，乃是在於它是以資產階級作為民眾主體的
一種法意識型態。在「國民主權」之下，主權主體並
非是具有意思能力或執行能力的自然人，而是歸屬於
所謂國籍擁有者總體的「全體國民」——亦即主權單
一、不可分、不可讓而歸屬於「國民」（nation）所有
——而與作為市民總體之人民（peuple）有所區別，
屬抽象觀念的存在。所以「國民主權」在對抗君主主
權的同時，也否定了以民眾為中心之「人民主權」的
歸結，亦即上層民眾階級運用「國民主權」剝奪君主

或貴族等特權階級權力而賦予本身正當性的同時，也
把權力從一般大眾手中剝奪而予以正當化。

　　其次，在「國民主權」之下，由於主權主體係屬
抽象觀念意義的存在，因而「國民」自身無法直接行
使其主權，故代表制（代議制）乃是「國民主權」下
必然的歸結，而與「人民主權」原則上係與直接民主
制結合（非絕對）有所不同；所以，主權的行使便與
主權的主體發生了分離的現象。且國民代表的資格在
「國民主權」下係由憲法所規定，所以除了民選的議
員外，根據憲法規定之其他人亦得享有此資格（例如
法國一七九一年憲法規定：「法國憲法採取代表制。代
表是立法府和國王。」），故於「國民主權」下，是實
行所謂的法定代表制。

　　再者，由於「國民主權」下的主權係歸屬於觀念
上的「國民」，因而國民的構成員便不能分有主權，也
不具有行使主權的固有權利。所以排除或限制民眾的
政治參與乃是「國民主權」的一個基本特色，在此主
權原理下，即使承認「國民」之一部分成員能參與主
權的行使，但那也是作為公務的遂行而說明之參政權
公務說[10]。

　　因此簡單的說，基於「國民主權」的政治，乃是

在自由放任、契約自由、私法自治等之名下，實施著保護資產階級之機能；所以事實上，就法國歷史上之民眾運動、勞工運動而言，至少其主要的一部分，一貫揭示著以「人民主權」作為其解放原理，是故「人民主權」係在資本主義生產關係下，下屬民眾所持的基本法律意識型態[11]。由於在這兩種不同主權原理之交錯激盪下，民眾意識的覺醒促使了作為憲法原理之「國民主權」發生轉向「人民主權」的現象，亦即來自於基層民眾從「下」的改革要求，改變了主政者或上層階級從「上」的對應，使得「人民主權」逐漸地取代（或至少融入）了「國民主權」中而成為主導的趨勢或力量。

此外，雖然由於「國民主權」與國民代表制緊密結合，而與「人民主權」原則上要求採取直接民主制的精神相對立，但就法國整個憲政發展的歷史觀之，即使是現今的法國第五共和憲法，亦明確地表明了人民透過其「代表」來行使主權的規定，所以對於國民主權的探討不得不將重心置於「國民代表制」的檢討之上。而就法國國民主權（尤其是「國民主權」）的發展演變而言，關於代表制基本上可分成「純粹代表制」、「半代表制」、「半直接制」三個階段來說明：

1.在「純粹代表制」的階段，原則上僅以民選的
　議會作為人民一般意思的決定機關，且議員不
　被人民的意思所拘束，而憲法更賦予免責特權
　及禁止命令委任作保障，並排除普通選舉、比
　例代表、解散等諸制度而導入（間接）限制選
　舉制度，使得在事實上也保障了議員從民意的
　獨立性；因此這個類型，乃是近代勞動階級尚
　未成立而在應付反革命和初期資本主義展開要
　求下之歷史階段，所產生的「國民主權」型態，
　也是資產階級最容易將其意思轉化為國家意思
　的型態[12]。而這樣一個代表制，基本上係屬於
　法國第三共和制以前的階段。

2.在「半代表制」階段，就命令委任的禁止和免
　責特權的保障使得國民代表從人民獨立這點而
　言，與「純粹代表制」階段是沒有不同的，但
　儘管在法律上如此，可是事實上議員卻失去了
　對於人民的獨立性，故就此點而言，乃係和「純
　粹代表制」的區別；而這樣的變化，乃是來自
　於「人民主權」論的影響、直接普通選舉、解
　散諸制度的導入及近代政黨的出現等因素所
　致，於是在此關於「國民代表」的意義，並非

是如同在「純粹代表制」般地「在觀念世界的
代表性」問題，而係到達了「在社會性事實世
界的代表性」問題[13]。而這樣的類型，大致是
與法國第三共和時期相當。

3.在「半直接制」階段，對於議員命令委任的禁
止和免責特權的保障此點而言，與前兩個階段
並無差異，但是在這個階段，不僅是議員事實
上被人民之意思拘束的傾向更為強烈，關於憲
法修改等若干事項也例外地導入了直接民主制
度，且更進一步地導入違憲立法審查制度，所
以在這個階段，議會的獨立性便相對大大地減
弱了[14]。具體言之，法國第四共和憲法（一九
四六年）及第五共和憲法（一九五八）時期與
此階段相當，此從該二部憲法所規定之「國民
之主權，屬於人民」便可得到驗證，此外須注
意的是，這個類型就現代來說是「國民主權」
的最終型態。

　　因此，在不實行完全直接民主制度的體制下，闡
明「國民主權」與「人民主權」原理下之「國民代表」
的差異性，便具有相當重要的意義。依照學者杉原泰

雄的見解，在「國民代表」的對應上，兩種主權原理
基本上有著以下的不同點[15]：

1. 「人民主權」，排除「國民主權」下之「代表制」
   而根據「人民」為一般意思的決定是不可欠缺
   的。因而於此，所謂「國民代表」的說法應被
   排除。於議會或代議士、議員存在的場合，應
   稱為「受任團體」或「受任者」。

2. 在「國民主權」下，根據命令委任的禁止、免
   責特權的保障，代議士對於「人民」的獨立性、
   無責任性是被保障的，但是在「人民主權」下，
   從所謂「受任者」的名稱便可以瞭解，代議士
   被其選區選民所拘束，對於選區選民具有報告
   義務且負政治上責任。因此，「人民」限制議員
   的行動且能任意地罷免，乃係「人民」是主權
   者的當然歸結，是「人民」固有的權利。

3. 作為全體人民的議會，即使在「人民主權」下
   也和「國民代表」的場合有所不同，不具有獨
   立於人民且能自由決定一般意思的地位。

　　所以，就「人民主權」的立場而言，明顯地可看
出是因襲著盧騷人民主權論的軌跡——即人民不能被

「代表」，只能被「委任」的觀念——是非常強烈的。
以下，便分就「國民代表」制的演變論述之。

■純粹代表制的展開（「國民主權」的原初型態）

　　法國革命之後，成為新支配階級之上層知識份子
所領導的資產階級，為了鞏固其獲得的權力，便不得
不將既有資產關係之擁護規定於憲法體制中，而為了
遂行這樣的目的，就採行了具有隱蔽現實功能之「國
民代表」制度，而構築所謂之「國民主權」原理
（nation），一方面使得民眾階層產生誤認自己是主權
者的幻覺假象，另一方面也達到了阻絕革命繼續進行
而維護資產階級既有財產利益的效果。因此，在這樣
的一個純粹代表制之下，基本上是屬於「議會獨占」
的體制，而實行著不受民意拘束的憲政。

　　大致上來說，法國的一七九一年憲法、一七九五
年（共和曆三年）憲法、一八三〇年憲法及一八四八
年憲法是屬於純粹代表制的類型，而這是以法國第三
共和制之前作為一劃分期。惟吾人認為法國的第一部
成文憲法（亦是歐洲第一部成文憲法）乃係緊接於法
國大革命後而制定，所以該部憲法當最足以表現革命
思想及民眾階層利害的反映，因此下面將藉由法國一

七九一年憲法中關於統治原理規定之探討，來闡明最
初的「國民主權」原理概況。

・形式上法律平等之保障

　　在一七九一年憲法前文部分開宗明義就表明：
「國民議會，以已經得到承認且宣示之各種原則為基
礎，為了確定法國憲法，決定廢止危害自由和權利之
平等的各種制度。」「國民的任何部分、任何個人、任
何特權，於適用於全體法國人民之法律下，毫無例外。」
「法律對於違反自然權或憲法之宗教上宣誓或其他任
何之約束，一概不予承認。」而憲法第 1 篇中亦規定：
「憲法保障作為自然權及人民權之下列事項：(1)一切
人民，無德行和才能差別以外之差別，而享有地位和
職業。(2)一切租稅，於全體人民間，依其能力之比例
平均分擔之。(3)相同犯罪，不因任何人而有差別，一
律處以相同之刑罰。」另外，「立法權，不得制定侵害
或妨害本篇所規定且憲法所保障之自然權和人民權的
法律。而自由只限於不危害他人權利或公共安全之前
提下始得為之，故法律對於侵害公共安全或他人權利
或其他有害社會之行為，得設處罰之規定」。

　　的確，在實定法體制下，法律成了人民一般意志
的表明，且為了追求所謂之公共福祉而制定；因此從

法國一七九一年憲法前端所規定的內容觀之，可明瞭制憲者排除特權階級的志向和決心。但遺憾的是，這些崇高意旨卻因該憲法之其他規定而成了名不副實的教條式宣言，故該憲法實不外是所謂的「名目憲法」[16]。

・議會獨占人民一般意思的決定權

首先，「主權不能分割、不能讓渡且無時效性。主權屬於國民。人民的任何部分或個人不能僭取主權的行使」（第 3 篇第 1 條）、「一切之權力只從國民而發，但國民只能根據代表行使其權力。法國憲法採代議制，代表者是國會和國王」（第 3 篇第 2 條），其次，「國會是常設機關，且根據一院制所構成」（第 3 篇第 1 章第 1 條）、「國會的改選當然地被實行」（第 3 篇第 1 章第 2 條）、「國會不能根據國王而解散」（第 3 篇第 1 章第 5 條）。因此從這些憲法規定可看出，國民雖然基於憲法地位而擁有主權者的地位，但實際上卻必須完全地透過國民代表來行使其主權。此外，該憲法中更設置了否定控制代表的規定，以排除民眾對代表者之政治責任追及，即「縣所任命之代表者，非該縣之特別代表，而是全體國民的代表，且不得對其下達任何之指令」（第 3 篇第 1 章第 3 節第 7 條）、「國民代表

不受侵犯。於任何場合，以代表身分執行職務所為之發言、記述或行動，不受搜索、追訴或裁判」（第 3篇第 1 章第 5 節第 7 條）、「代表者犯罪，得依現行犯或逮捕令狀逮捕之。但其通知須直接送達國會，且訴追須以國會認有必要者為限」（第 3 篇第 1 章第 5 節第8 條）。所以在純粹代表制之下 一旦依據選舉方式獲得議員地位後，便具有不受民意限制之權能，故此時能約束彼等者似只有憑藉議員個人之道德良知了。因此在這個時期，「代表」的意思直接被視為人民之意思而不存在任何「委任關係」，明顯地逸脫了在民主主義體制下議會主權信託原理的範疇。

而另外一個使議會得到完全獨立之原因，乃係在於司法制度之薄弱。因為一七九一年的憲法規定：「法院不得干涉立法權之行使，或停止法律之執行，或侵害行政事務，或以職務為由而將行政官員召喚至法院前。」（第 3 篇第 5 章第 3 條）於是在此情況下，只有議會具有一般意思的決定權，且關於確定一般意思之當否的憲法判斷權也只歸屬於議會，因而在法院不被當作「國民代表」之前提下，所謂「憲法事件」的觀念是不存在的，亦即議會所公布之法律具有絕對的合憲性，是故於此，事實上是由「立法權萬能」原則所

支配,而導致了立法權和憲法制定權融合之歸結[17]。

再者,值得譏評的是國王竟亦被規定為國民的代表之一,且「國王之一身係不可侵且神聖的。其唯一的稱號是法國人民的國王」(第 3 篇第 2 章第 1 節第 2 條)。惟法國革命所表現出來的乃是反君主、反封建的特質,以期使得傳統舊勢力下之君主主權能朝向國民主權而改變,但為何法國一七九一年憲法仍然採取立憲君主制且承認國王代表的地位呢?這種保留君主以作為「象徵」意義的制憲者奇怪創意,或許也只有於「國民主權」(nation)下才可能成立吧!

• 民眾參政權的限制與排除

就法國一七九一年的憲法而言,民眾雖可藉由選舉制度來參選議員,但由於憲法採行的是限制且間接的選舉制度,因此實際上使得大多數之民眾階級的選舉權產生被否定的結果。至於關於議員的選舉方式,首先乃是根據「主動的人民」所構成的第一次集會來選出選舉人,再以縣為單位而根據選舉人所組織之選舉人會來選出議員。值得注意的是,乃係「憲法」竟以明文規定將人民區分為「主動的人民」和「被動的人民」兩者,明顯的違反了平等原則。此外,要作為「主動的人民,尚需具備下列之要件:(1)須生時為法

國人或成為法國人者；(2)須滿二十五歲；(3)須於王國
之任何場所，支付至少相當於三勞動日之直接稅且提
出證明者；(4)須無傭人之身分；(5)須於住所之役場被
記載於國民衛兵名簿者；(6)須為人民之宣誓」（第 3
篇第 1 章第 2 節第 2 條），而從此條主動人民資格之規
定觀之，就第(5)小點而言，基本上就已經將女子的參
政權排除在外了。

　　再者，「主動的人民，如果不具備下列要件，則
不能被任命為選舉人：(1)於人口六千人以上之城市，
具有相當於徵稅簿上兩百勞動日價值之收入所換算的
財產所有人或用益權人，或相當於徵稅簿上一百五十
勞動日價值之收入所換算的房屋租賃人。(2)於人口六
千人以下之城市，具有相當於徵稅簿上一百五十勞動
日價值之收入所換算的財產所有人或用益權人，或相
當於徵稅簿上一百勞動日價值之收入所換算的房屋租
賃人。(3)於農村，具有相當於徵稅簿上一百五十勞動
日價值之收入所換算的財產所有人或用益權人，或相
當於徵稅簿上四百勞動日價值所換算之財產的佃農或
折半的佃農。(4)一方面是所有權人或用益權人，同時
另一方面又是租賃人、佃農或折半佃農者，關於其權
利以達到被選舉資格之承認所必要的數額累計之」

（第 3 篇第 1 章第 2 節第 7 條）。因此，在這樣的純粹代表制之下，資產階級明顯地擁有參政權的獨占地位，而排除了一般民眾的政治參與，所以不禁令人懷疑的是：當時之人權宣言第 17 條：「所有權神聖不可侵犯。非經法律明白確認為公益所必須與正當補償，不得剝奪任何人之財產」的規範意旨究竟為何？

・例外的一七九三年憲法

但是，應特別注意的，在純粹代表制的階段中，有一部被後世學者給予了極高評價而認為採取了「人民主權」原理的憲法存在，即那是於一七九三年六月二十四日經國民公會制定且根據公民投票而得到承認，惟最終卻未被施行之法國史上的第一部共和主義憲法。原則上，法國一七九三年憲法係由三十五個條文之「權利宣言」與一百二十四個條文之「憲法典」兩個部分共同組成，而在作為比較的對象上，甚至可媲美法國現代一九四六年、一九五八年之第四、第五共和憲法，可謂是在那個時期改革開放派（賈克賓派）之憲法思想的結晶。因此，吾人便藉由此部憲法一些重要的規定來闡述一七九三年憲法所具有的幾點特色：

第一，普通直接選舉制的採用。與法國一七九一

年憲法相同的，是一七九三年憲法亦規定「主權屬於
人民。主權是單一、不可分、無時效性、且不可讓渡」
（宣言第 25 條）、「人民之任何部分不得行使人民全體
之權力。但主權者之各部分，具有完全自由表明其意
思之權利」（宣言第 26 條），但該憲法更規定「人民具
有參與法律制定及選任受任人或代理人之平等權利」
（宣言第 29 條），「主權者人民直接選任議員」（憲法
第 8 條）。因此於一七九三年憲法下，「人民」係指具
有實質政治意思決定能力的人民總體，而非作為抽象
觀念之國籍擁有者之全體「國民」。此外，雖然一七九
三年憲法亦採行國會和國民代表制度，但憲法更明文
規定：「主權者人民，議決法律」（憲法第 10 條），於
是關於公民複決等公民投票制度亦被導入，所以就此
憲法本身而言，其已明顯地廢止了一七九一年憲法採
行之「租稅者主權」和「間接選舉」制度，對於民眾
之參政權給予了實質的保障。惟應該檢討的是，「市民
權利之行使……限於滿二十一歲之男性」（憲法第 4
條 1 款），而排除了女子之政治參與權利；且憲法雖規
定「各議員屬於國民全體」（憲法第二十九條），但該
憲法的重要欠缺，卻是人民對於有作成法律案任務之
議員的控制制度完全不存在[18]。

　　第二，社會權概念的導入。「公共扶助，是神聖
的義務。關於不幸市民之勞動確保或無勞動能力者之
生活保障，社會對其生存負有責任」（宣言第 21 條）、
「教育，是萬人之要求。社會必須盡全力助長公共理
性之進步，並使全民受教育」（宣言第 22 條）。這種於
二十世紀才盛行之社會權理念規定，在當時可謂是相
當進步的規定。

　　第三，國家賠償責任之宣示。「公務之界限法律
無明確規定，而一切公務員之責任未被確立時，社會
的保障即不存在」（宣言第 24 條）。就此規定而言，看
似與法國一七八九年人權宣言第 17 條之財產權保障
規定極為類似，但如我們所熟知的，公權力侵害之客
體不僅限於財產權而已，另外還包括人民的自由、權
利。所以這種國家賠償責任之宣示，對於人權理念的
確保實具有重大之意義。

　　第四，人民制憲權不滅之確立。「人民經常地具
有再檢討、修正或變更憲法之權。將來之世代不受現
在世代法律之拘束」（宣言第 28 條）。法國革命之發生
實與先前所述之西耶「憲法制定權力」的提倡有著密
切的關聯，而此對於第一次制憲權行使後之再次的制
憲權行使賦予（或確認）其正當性，明顯地是表明了

《人民》（優於）→《實定憲法》的位階性，而承認於人民於迫不得已時擁有不須服從實定憲法之權力。

第五，人民抵抗權的承認。「對於壓制的抵抗，是其他人權之歸結」（宣言第三十三條）、「政府侵害人民各種權利時，抵抗是人民及人民部分最神聖之權利，亦是不可欠之義務」（宣言第 35 條）。原則上這個屬於抵抗權的規定，實可與第四點之人民制憲權相互輝映，而達到抑制政府不當統治與避免人權遭受蹂躪的作用。所以對於抵抗權制度之承認，可謂係承襲了法國大革命之一貫精神而來，具有相當之實質意義。

第六，對於外國人權利的保障。「具有下列資格者，得行使法國人民之權利：……2.居住於法國一年以上而達到二十一歲之一切外國人（男子），以自己勞力生活，或取得所有權，或與法國女子結婚，或扶養老人者。3.依國會判斷為對於人類有重大功績之一切外國人」（憲法第 4 條）、「法國人民，對於為了自由而遭祖國放逐之外國人，得給與其庇護」（憲法第 120 條）。於此值得注目的，乃是所謂「外國人參政權」給與的規定，竟早在國一七九三年之法國憲法中就已得到承認了。因此，這樣具有突破性之憲法觀念似乎不是現代一般國家憲法思潮所可比擬的，亦是於早期立

憲主義之其他國家憲法下所未見的，所以這個規定實難謂不具有重要之憲法史價值。

的確，從以上法國一七九三年憲法規定的內容觀之，誠然有著許多相當進步而對民眾權益維護具有重大效能的規定存在，但是，值得檢討之處亦非完全沒有：

首先，就憲法規定本身而言，仍然踏襲著關於國民代表的內容規定，明示著議員屬於全體國民（憲法第 29 條）、並承認議員之免責特權（憲法第 43 條）和不逮捕特權（憲法第 44 條），而保障議員對主權者的獨立地位；再者，就未予承認主權者對議員之審查或罷免權利、命令的委任等實質上控制議員的手段來說，對於僅將法案作成權給與議員而把議決權保留予人民之一七九三年憲法制度的價值，可說是因此而減半了[19]。

此外，就憲政史實而言，一七九三年憲法最終未被施行，亦使此部憲法之價值受到質疑。國內學者羅志淵認為該部憲法主要是因「陳義過高而無法施行」[20]，但就法國當時史實觀之，吾人認為卻未必全然係導源於此。在對外側面上，鑑於法國革命之成功及法王路易十六被處死，以普、奧為首之歐洲國家遂結成

第一聯盟向法進軍，而在對內側面上，則有反革命分子之煽動暴亂；因此當時處於內憂外患之法國，不得不以掃蕩反革命勢力和防衛共和國之存在為第一要務，故一七九三年憲法不得已於此情狀下只好於同年十月十日宣布其施行延期，致使該部憲法終歸於泡影。不過，吾人認為真正減損該部憲法價值之原因者，並非在於其未被施行，而係在於當時「公安委員會」為應付國內動亂所實行之恐怖統治，明顯地牴觸了以民眾利益為依歸之終極目標，而該部憲法卻又有大部分之內容係採納公安委員會幾位主要改革派成員之主張而成立者。

■半代制的展開（「國民主權」的轉型型態）

　　進入十九世紀的法國，在經歷了一八三〇年之七月革命、一八四八年之二月革命及一八七〇年巴黎區（commune）之動亂後，法國人民更加清楚地瞭解到爭取自己權益的重要性，於是在第三共和的憲政體制下，傳統「國民主權」原理之「純粹代表制」便朝向「半代表制」而演進，當然，這樣的改變其中大部分之理由，係源自於上層資產階級對於民眾的對應而產生的。惟當時政治情勢混亂，故第三共和時期並無一

部單一的憲法典存在，而係由一八七五年間所制定之
「參議院組織法」、「公權力組織法」及「公權力關係
法」三部具有基本法性質的法律來維持整個憲政的運
作，屬於比較特殊的憲政階段。以下，便就這個時期
的「半代表制」特色加以論述。

・議員事實上獨立性之喪失

　　從法制度層面言，人民於「半代表制」下仍然不
具有直接參與一般意思決定的權利，因為立法權係歸
屬於由參議院和眾議院所組成的國會（公權力組織法
第 1、3 條），故即使關於憲法修改亦未規定可由人民
複決之。此外，議員的免責特權仍受保障（公權力關
係法第 13 條），且「一切命令的委任，無效」（一八七
五年十一月三十日之議員選舉法），於是從這樣的規定
亦導出了議員於任期中不受罷免的意旨。但是事實
上，作為國民代表的議員，在此階段並非對於人民仍
擁有完全地獨立性和無責任性，因為這個時期的政治
社會情況已發生了變化：

　　首先，普通直接選舉制度的採用。於半代表制
下，「國會議員於選舉法所規定之條件下，依普通選舉
任命之」（公權力組織法第 1 條 2 項），因此藉由這樣
的規定，直接普通選制可說是被具體化（但當時仍僅

限於男子）。惟亦因為如此，使得選舉人數激增，且具有國民代表之資格者亦不再局限於「純粹代表制」下之納稅者人民，所以議員於其任期內便不得不尊重選舉區之民意，畢竟其將會感受到來自輿論及再為競選的壓力。於是，半代表制時期的議員事實上已生從屬於人民的結果，故如前所述，這個階段的國民代表係屬「事實世界的代表」而非「觀念世界的代表」，甚且事實上其性質亦有著從「法定代表」朝向「委任代表」的現象──縱使命令的委任仍被禁止，且議員仍作為全體國民的代表。

其次是政黨政治的展開。在「國民主權」原理下之「純粹代表制」階段，一方面由於議員是全體國民的代表，且其所為之發言、行動皆不受任何的拘束，另一方面則因那個時期之選舉人和被選舉人係屬具有高度同質性之資產階級，因此議員被流派意見拘束或政黨自體發展的必要性都顯得十分薄弱。但是於「半代表制」階段，因為男子普通選舉制的採用及結社自由的承認，於是匯集廣大同質選民（尤其此時期勞動階級已逐漸成形）之政黨遂成為一個必然發展的趨勢，而構成黨員之基層民眾一旦有機會出任議員時，大致上亦能反應多數民眾之需求，所以伴隨著政黨政

治的展開，事實上國民代表多少皆會受到黨意、特定
政治綱領或選民的拘束。惟不論國民代表之事實上從
屬性，若從法律制度的本體而言，國民代表本就應該
為選民謀福利及不負選民之所託，故屬於早期議會下
而仍被現代民主國家採納於憲法典中以強調議員獨立
性之「命令委任的禁止」制度，例如德國基本法第 38
條 1 項後段、法國第五共和憲法第 27 條 1 項、日本國
憲法第 43 條 1 項等，便滋生了憲法解釋上的疑義。以
德國基本法來說，其第 21 條 1 項規定：「政黨參與人
民政見之形成。政黨得自由組成，其內部組織須符合
民主原則。政黨須公開說明其經費來源。」第 38 條 1
項則規定：「……議員為全體人民之代表，不受命令或
訓令之拘束，只服從其良心。」而德國並無類似法國
所謂「國民主權」與「人民主權」的爭論問題，所以
面對這二個條項的衝突，便不得不透過解釋來予以解
決，於是有學者謂：「在現代，禁止命令委任之條項規
定，係為防止產生極端的現代政黨國家」，或謂「禁止
委任之規定，在今日已喪失了代表制度的意義，因而
其與政黨民主政之憲法原理的關係，並非係同一憲法
中二個難以調和之構造原理的對立，而是處於補足的
關係」[21]。因此，在政黨國家的意義下，亦有所謂「國

民主權是政黨主權」的見解存在[22]。

・解散制度的導入

　　與「純粹代表制」階段比較不同者,乃係解散制度的導入。在第三共和制下,「共和國總統經參議院同意,得於法定任期未滿前解散國會。選舉人團應於三個月內為新選舉召集之」(公權力組織法)。因此原則上,解散制度是作為確認和統制人民意思與代表者意思趨於一致的手段,因此解散制度的導入,是表示異於「純粹代表制」之「國民代表」階段的到來,且意味著「人民」於政治上或事實上,具有參與一般意思決定的權利[23]。

　　綜上所述,在「半代表制」下之法國第三共和時期,議員即使事實上全面地從屬於「人民」之意思,但那卻非意味著「人民」是「法律上的主權者」,而是應該作為「政治上的主權者」來把握[24]。所以論述到議員的性質時,如果無差別地混同法制上的從屬和事實上的從屬,則那樣的理解不單是非科學的,而且也將誤解從「純粹代表制」朝向「半代表制」展開的歷史意義[25]。

■半直接制的展開（強烈傾向「人民主權」之「國民主權」的最終型態）

二次大戰之爆發，使得法國第三共和於德軍擊破馬奇諾防線進占巴黎後，在一九四〇年六月左右被瓦解。戰後，作為現代民主國家而發展的則是法國第四共和（1946-1958）與第五共和（1958 迄今）時期。惟若作為憲政檢討之對象，則當以持續至今已達數十年之久的第五共和為基準，以下，便藉由其憲法架構之相關規定來探究現代「半直接制」展開的課題。

- 大體上仍維持與「純粹代表制」、「半代表制」相同之一般意思的決定原則

在「半直接制」之下，憲法原則上還是保障議員獨立於人民之一般意思的決定方式，亦即仍以作為「全體國民代表」之議員為前提，並且禁止命令委任和保障議員的免責特權。因此，如果就法律層面而言，基本上依舊維持了以往在「國民主權」下的基本性格。例如：「國民主權屬於人民。人民透過其代表或人民投票行使其主權。人民之一部或任何個人均不得擅自行使其主權」（憲法第 3 條 1、2 項）、「法律，由國會議決之」（第 34 條 1 項）、「國會議員執行職務所為之言

論及表決，不受追索、搜查、逮捕、拘禁或審判。國
會議員於會期中，非經其所屬議院之許可，不得因刑
事或違警犯罪而受追索或逮捕。但現行犯不在此限」
（第 26 條 1、2 項）、「一切命令之委任，無效」（第
27 條）。不過須說明的是，議員不逮捕特權的保障至
少已從向來在「純粹代表制」或「半代表制」下之「任
期中」改變為「會期中」，而稍微減縮了議員之獨立性。

　　另外，就法國第五共和憲法之其他規定觀之，國
民代表之立法權獨占地位亦於相當之程度上被削弱，
例如：「在法律範疇以外，一切其他事項均屬於命令性
質。凡法規有關於命令事項之性質者，於徵求中央行
政法院意見後，得以命令修改之……」（第 37 條）、「國
會兩院之議程，依據政府所定之優先順序，討論政府
提案及國會同意之議員提案」（第 48 條 1 項）、「內閣
總理經國務會議審議後，得就政府擬具之法案向國會
提出信任案，以決定政府之去留。而信任案提出二十
四小時內，若無不信任案之動議提出，政府擬具之法
案即視為通過……」（第 49 條 3 項）、「基於同一目的，
法律於未公布前，得由共和國總統、內閣總理，或國
會任何一院議長，提請憲法委員會審查」（第 61 條 2
項）。再者，法國第五共和制之總統地位已不像以往只

屬於內閣制之虛位元首，因為總統係由人民直選產生（第6條），且具有任命內閣總理（第8條）、主持國務會議（第9條）、解散國會（第12條1項）、任命國家文武官員（第13條2項）、統帥軍隊（第15條）等實權。所以，面對追求「人民主權」之民眾意識的強化，作為來自上層對應表現而以行政立法為首之行政權的權力集中現象，可謂是這個「半直接制」的一個特徵[26]。

· 例外地採用直接民主主義

　　所謂「半直接制」的用語，基本上乃是指在若干場合下，藉由公民投票之創制、複決等方式來保留人民有參與政治運作的權利和機會，而有別於「純粹代表制」或「半代表制」只能透過議員來行動的體制，所以在「半直接制」之下，法律便不再全然是議會的作品了。而法國第五共和憲法亦對於某些事項採行了直接民主主義的體制，亦即，「政府於國會會期內提出建議，或國會兩院提出聯合建議，而刊登於政府公報者，共和國總統得將有關公權組織、聯邦協議之認可，或國際條約之批准等法案，在不違反憲法而可影響政府之職權下，提交人民投票複決之」（第11條1項）、「領土之讓與、交換及歸併，非經當地人民之同意，

不生效力」（第 53 條 3 項）、「憲法修正案由共和國總統基於內閣總理之建議提出，或由國會議員提出。憲法修正案須經國會兩院一致表決通過。修正案經人民投票通過後，有最後確定力。共和國總統若將修正案提交國會兩院聯席大會表決，則無須交付人民投票⋯⋯」（第 89 條 1、2、3 項）。因此，從這些規定觀之，法國第五共和憲法僅係例外地採行直接民主制度，而大部分仍維持國民代表的體制。

此外，這些規定在實際運用上亦非毫無疑問，其中更導致了憲法上重大的爭論：

爭論一：憲法第 11 條規定有關公權組織的法案可提交人民複決，但其是否包括政府提出之「修憲案」？

第一，否定說：認為政府若將修憲案依憲法第 11 條規定直接交付公民複決，而不遵守第 89 條之修憲規定者，則屬違憲行為。因為：(1)憲法第 89 條關於憲法修改的規定係屬特別規定，即第 89 條關於憲法修正明確地規定須以國會審議為必要，故依憲法第 11 條程序所為之憲法修正已違反了第 89 條之規定。(2)第 11 條明白規定須以「不違反憲法」之法案才能交付人民投票，故在此當然不包括會導致違反憲法之憲法修正

案。

　　第二，肯定說：認為憲法第 11 條之規定亦包括政府提出之修憲案在內。其理由為：(1)從憲法第 3 條規定國民主權之民主理念觀之，依憲法第 11 條程序所為之憲法修正是不應該被排除的。(2)憲法第 89 條規定之憲法修改程序存在著不平等，亦即政府不能反對由議會提出之修憲案，但議會卻可否決由總統提請內閣總理建議之修憲案，於是藉由憲法第 11 條之人民複決程序，可使兩者得到均衡。

　　惟關於這個問題，由於國會日後並未採取積極的態度，故即使是採行否定見解之違憲論者，最後亦將未經議會審議而逕依憲法第 11 條規定直接交與人民複決的修憲案，看作是「憲政慣例」的問題而予以認許[27]。所以面對這樣的一個憲政發展，基本上可說是與「人民主權」之論理相互一致的。

　　爭論二：根據憲法第 11 條之程序而經人民複決通過之法律，可否再依憲法第 61 條之規定請求違憲審查？

　　這個強烈關係到國民主權原理的嚴肅課題，可說是在「半直接制」體制下極重要的問題。而在法國憲政史上，曾於一九六二年十月二十八日依憲法第 11 條

程序而以人民投票方式複決通過了憲法第 6、7 條關於
總統選舉方式（改為人民直選）的憲法修正案，惟當
時參議院議長卻將此修憲案提請憲法委員會審查。而
憲法委員會嗣後亦於同年十一月六日作出了重要的判
示，認為：參議院議長並無此種請求違憲審查之權限，
其主要理由則為「如果從憲法委員會是作為各種公權
力之調整機關的憲法精神而言，則作為憲法第 61 條對
象之法律，係專指國會議決通過之法律，而非指根據
人民投票通過而用以直接表明國民主權的法律」[28]。
於是基於這樣的論點，似乎也導出了「人民複決之法
律」（優於）→「議會制定之法律」的結論，因為後者
隨時有受違憲審查之可能性存在。

・違憲立法審查制度的導入

　　基於保障人權、抑制議會權力膨脹等因素，在「半
直接制」下之法國第五共和憲法亦導入了符合「人民
主權」原理的違憲審查制度。「憲法委員會監督共和國
總統之選舉」（第 58 條 1 項）、「憲法委員會裁決有關
國會議員選舉之爭議」（憲法第 59 條）、「憲法委員會
監督人民投票，並宣布其結果」（第 60 條），最重要者
則為「法律在未公布前，得由共和國總統、內閣總理
或國會任何一院議長，提請憲法委員會審查」（第 61

條 2 項)、「凡宣告為違憲之法規，不得公布或付諸實施。憲法委員會之決定，不得上訴。公權機關及一切行政、司法機關應尊重憲法委員會之決定」(第 62 條 1、2 項)。因此從憲法委員會之設置構造而言，其可謂是為了確保總統和行政機關之優越地位，並使三權分立之民主化體制能得到更進一步的確立。

• 「國民主權」與「人民主權」的混同

　　在「半直接制」下，已明顯看出一些「人民主權」原理制度的採用，但那些僅是異於「國民主權」原理的個別規定。惟比較特殊者，乃是法國第五共和憲法第 3 條關於國民主權之規定，卻直接地將兩主權原理無差別地混同在一起，而用以表明「國民主權」過渡到「人民主權」的最終性格，亦即，那是作為「國民主權屬於人民」(第 3 條 1 項前段)而表現的[29]。不過，學者認為：若從法技術層面來理解時，這個憲法規定是有問題的，因為「主權屬於國民」(國民之主權)與「主權屬於人民」(人民之主權)，於法制度上是不能兩立的，因此該條項之「政治性」意味便更加明瞭了，所以這個憲法體制是作為「國民主權」最終階段且朝向「人民主權」轉變之最簡潔且直接的表明[30]。

■在法國最近的主權爭論──對傳統「國民主權」與「人民主權」原理的反動

　　關於主權原理的討論，在法國基本上是從「國民主權」（nation）與「人民主權」（peuple）這二個方向來理解，至於以此種模式來分析法國憲政史實而成為如今一般性支配見解者，主要是受到法國第三共和時期之學者卡雷・迪・馬貝魯（Carré de Malberg）的影響，因為他把「國民主權」解為是主權歸屬於抽象統一體之「國民」的法原理，而意識性地有別於盧騷之「人民主權」而用，所以在這樣二分法的情況下，造就了兩種主權原理精緻的展開。

　　不過，對於向來作為上層民眾憲法原理之「國民主權」與作為下層民眾憲法原理之「人民主權」的對抗關係，近時則出現了認為應該再檢討的見解，至於提出這樣之主張者，則是學者巴寇（Guillaume Bacot）。因此，下文便由兩個方面來論述巴寇反傳統的見解：

・關於「國民」問題的把握

　　巴寇認為在法國革命時期，毋寧說兩主權原理的對立是其特徵，倒不如說是受到同一主權原理的支

配，而這個主權原理，指的是主權係歸屬於能參與公務之不可分的人民總體而言[31]。因此，巴寇認為卡雷‧迪‧馬貝魯把主權歸屬主體的「國民」解為「國籍擁有者之全體」的說法，是毫無根據的，在解釋上，只有主動的人民才是「國民」[32]。亦即，巴寇從權力行使的觀點認為：以性別和年齡為要件的一七九三年憲法（採人民主權原理），比起多了以納稅額為要件的一七九一年憲法（採國民主權原理），其變化只不過是「主權者範圍」量的擴大而已[33]。故實際上並不存在著「國民」與「人民」本質上的區別。

　　所以，巴寇這樣的論點，其基本上乃是為了避免所謂「國民」與「人民」刻意的區分，而企圖從權力行使現實面的立場，來避免這種帶有意識型態作用的憲法解釋手法。

‧關於巴寇對卡雷‧迪‧馬貝魯之法實證主義方法論的批判

　　法國第三共和時期之公法學說，在某種程度上由於受到了十九世紀德國國法學的影響，所以依據「國家法人說」而討論主權理論的學者也是大有人在，而當時之卡雷‧迪‧馬貝魯在這樣的潮流下亦援用了法實證法學之方法來構築其「國民主權」與「人民主權」

的區分論。大致上，卡雷・迪・馬貝魯的理論是屬於
「國民主權」論，而排斥了盧騷主張之「人民主權」
論，其理由不外是：

1. 盧騷之「人民主權」論存在著矛盾和衝突。盧
   騷在社會契約中曾言及：「現在假定一個國家是
   由一萬人所組成。主權者只能被看作為一個集
   合的整體，而每一個個人作為屬民來說是可以
   單獨地和獨立地存在的。因此，主權者對屬民
   是一萬對一，這就是說，儘管主權是完全受國
   家的成員的支配，但每一個成員所享有的主權
   實際上只有萬分之一」，所以一般關於盧騷「人
   民主權」之理解便認為其所主張者是屬於「分
   有主權」或「個人主權」論；但如我們所熟知
   的，盧騷亦認為主權係不可分割、不可讓渡的。
   因此卡雷・迪・馬貝魯便基於這樣的觀點而認
   為盧騷理論的本身存在著矛盾性和衝突性。

2. 盧騷之「人民主權」論違反了民主制多數決原
   理。卡雷・迪・馬貝魯指出，在盧騷「人民主
   權」理論下，所謂各個人民的「個人主權」理
   論和少數服從多數的多數決原理是不能相容

的，因為「依照盧騷的觀念（個人主權），如果
民主主義國家被主權者人民之純粹結合或聯合
而分解的這件事情是真理的話，則就會直接地
導出民主主義國家不是真的國家的結論。……
而基於社會契約所稱之國家，乃是根據契約關
係而歸屬於相互依存之人類共同體，一旦超越
了這個界限，則統一性或國家權力將不存在。
因而盧騷之理論並未創設出國家和主權，而是
意味兩者的否定」[34]。

　　所以，卡雷・迪・馬貝魯便在反對盧騷之「人民
主權」立場下展開了其獨自的「國民主權」論。惟卡
雷・迪・馬貝魯因為受到德國實證法學的影響，所以
他的「國民主權」理論基本上是結合了「國家法人說」
而構成的。於是，「主權只存在於國家」的這個立場，
便成了其「國民主權」論的前提，因此，「國家」是「國
民的人格化」，而作為「集合且抽象存在」的「國民」
則是等同於「國家」[35]。然就卡雷・迪・馬貝魯主張
之「國家＝國民的人格化」這點而言，是他與德國學
者耶林涅克（G. Jellinek）把「國民」作為「國家」構
成要素之國家法人說的不同之處[36]。再者，他從實證

法學的觀點認為選舉權並非是先於實定法而存在（即非自然權），所以選舉權公務說便成了其理論的必然歸結，不過他更展開了其獨特的選舉權二階段論——即作為主觀權利行使而參加國家意思形成（投票）的階段，與作為單純機關權限行使而以國家之名實行公務的階段——把選舉人之行為，從投票瞬間之權利行使轉換為公務之行使，而使得具有機關性質之個人的資格完全地消滅[37]。但是，如先前所述，學者巴寇認為主權主體實際上是存在於「主動的人民」，因此「國民」自然就不可能是抽象觀念的存在，而是實際上具有決定國家意思能力之有權者人民團體，且選舉權乃是人民固有之權利，非是為實行公務而存在。是故，巴寇認為卡雷・迪・馬貝魯自身所運用之實證法學方法推論出來的「國民主權」結論，基本上是錯誤的！

・檢討

　　誠然如巴寇所指陳的，法國第三共和時期學者卡雷・迪・馬貝魯之「國民主權」論是一種反民主式的表現，且姑不論其所用之實證法學方法論是否適當，但至少從其所導出之結論而言，若從現代角度觀察便不難發現確實存在著不正確性。不過，吾人對於學者巴寇自身從批判「卡雷・迪・馬貝魯之理論」出發而

作為否定「國民主權」與「人民主權」二分論的這個
命題，則是抱持著懷疑的態度。因為卡雷‧迪‧馬貝
魯之理論是屬於早期之學說，而從法國現代有關兩主
權理論用法之概況來看，雖然「國民主權」與「人民
主權」之用語內藏著意識型態性的批判手法，但重要
的是這樣的用法卻清晰地呈現了憲政制度之不完整性
及社會民眾彼此間的對立性，因而在追求主權在民理
念的同時，它鋪陳了一條永遠需要「改革」之方向，
尤其是從「國民主權」過渡到「人民主權」的階段方
向。當然，吾人亦不能否認學者巴寇將「國民」與「人
民」一體把握之努力，畢竟「國民主權」與「人民主
權」之二分法是經由人為所擬制出來的，但是如果巴
寇只從批判卡雷‧迪‧馬貝魯之「國民主權」論出發，
則容易使其理論流於（或歸於）「人民主權」論的型
態，而推論不出巴寇所期望達到兩主權原理統一把握
的目的。再者，以巴寇否定兩主權原理的用法來探討
時，將無法藉由區分兩主權原理的手法，來批判法國
在大革命後之一七九一年憲法實際上係存在著違反民
主性格的情事（特別是國王被規定為國民代表，且該
憲法更採取間接限制的選舉制度而排除了廣大民眾之
政治參與權利），反而會得出主權原理不必與特定制度

相結合的結果！

　　惟無論如何，像這種對傳統「國民主權」論與「人民主權」論之反動所產生的主權論衰退現象，如學者所指出的：基本上是與法國第三共和制時期所確立之「議會制中心主義」的終結深具關聯[38]。因為現今法國第五共和制時期所形成的行政權肥大現象，比起傳統立法權優越所導致的代議制弊端，更令人值得重視。

三、國民主權其他學說的探討

　　以上係對法國之「國民主權」（nation）與「人民主權」（peuple）二原理之探討，下文將就日本其餘有關國民主權之學說來予以論述。

(一)全體國民說

■國政最終的權威說

　　主此說者，為學者宮澤俊義。他認為「主權」，是最終決定國家政治應有狀態的權力或權威，而君主主權說或國民主權說所用之主權，即屬之[39]。因此，

對於他而言，主權乃是正當化一切國家行為的權威。再者，他認為「國民」不是具有特定資格之人，原則上，凡是受一定國法支配之一切自然人所構成的國民全體，即為國民[40]。於是，學者大隈義和認為在此說之下，「為了憲法修正所實行的公民投票，則無法從國民主權之要求下引伸出來，而和國民主權沒有直接的關係」[41]。

　　再者，學者橋本公亘亦主此說。而其有關「主權」與「國民」的定義基本上和宮澤俊義一致，但他卻提出了值得注意的立論，亦即如果從民主主義之價值來追求個人的尊嚴時，則把國家最終之淵源認為是來自於國民的一部分，是不被許可的[42]，因此國會若可適當地來決定有權者國民之範圍，則就會產生顯著的邏輯上矛盾[43]。所以在此，他說明了一個相當重要的觀念：也就是如果把主權主體認為是有選舉權之人民總體時，則將會導致「國民」被割裂成「有主權的國民」和「沒有主權的國民」二者，所以在論述到有關國民的概念時，必須注意為一體的把握。

■監督權力說

　　主此說者，為學者渡邊宗太郎。他認為「國民主

權」指的是現實生活的全體國民,以其共通之非組織的一般意思,對於由國民代表所行使的統治權為同意或不同意之機能,透過這樣的方式,則國民代表所行使的統治權最終地將歸屬於國民[44]。惟在此說中,對於國民代表所為之監督控制手段究竟為何,似乎是不明確的。但是,在民主政治的原理下,至少作為責任追及制度之一的罷免手段應該是不可欠缺的。此外,由於他之國民主權理論係著重於對國民代表權限行使的監督上,故就積極的側面而言,能否導入直接民主制度之要素亦是不明瞭的。

(二)有權者主體說

■國家機關權限說

此說可以美濃部達吉為代表。基本上,他是立於國家法人說的立場(國民=國家機關)來理解國民主權的,故其認為所謂的「主權」,不是屬於國家而是屬於國家機關,亦即那是在國家機關中統率國家總體之活動而作為最高原動力的機關意思[45]。至於作為主權主體的「國民」,則非意味著包含未成年人、禁治產人或受刑罰執行者之一切有國籍者的全體,而是意味著

有參政權的全體[46]。所以他認為國民主權，並非是意味著國民自己直接地總攬且行使統治權，故關於如何之機關能受國民之信託而為統治權的行使，應該是屬於另依憲法規定的問題，而非基於國民主權主義當然所生之結果[47]。

■憲法制定權力說

　　首先，以清宮四郎為例，他認為在現行憲法下所被把握的「國民」，乃是被一定法技術再編成的國民，亦即在現實上是國民之一部，指的是滿二十歲以上者[48]。而作為主權保持者之國民，在行使其權能且制定憲法的場合，其行為是作為國家的行為而歸屬於國家，因而這個場合的國民，是基於國家機關的地位而得到承認，其法的根據是根本規範，所以作為主權保持者而制定憲法的國民，在最終極的意義上指的是「國權的最高機關」[49]。

　　另外，亦把憲法制定權力作為國民主權之核心者，則是學者樋口陽一。不過，他之國民主權論卻是從法國之「國民主權」與「人民主權」為出發。而關於他之理論，大致上可分成幾點來說明：

　　1.市民革命後，於資本主義國家憲法中之「國民

主權」，實際上存在著相互對抗之「國民主權」
與「人民主權」二義，前者在原理上——不是
為了便宜、技術的理由——排斥直接民主主
義，後者在原理上則結合直接民主主義[50]。

2.法國第四及第五共和制憲法採取的是「人民主
權」，而在法國以外，情形基本上也是一樣的，
例如英國在市民革命得到勝利後之 King in
Parliament 式主權，其後實質上則演變成
Parliament 主權，甚且於普通選舉確立之階段，
則成為「法的主權」在議會，而「政治的主權」
在選舉民；所以日本國憲法之「國民主權」，以
法國型態而言，不是「國民主權」而是「人民
主權」，以英國型態而言，不是議會主權而是選
民主權[51]。因此「國民」在這樣的意義上，指
的乃是有參政權之人民總體。

3.在現代之法國從議會中心主義轉換的同時，一
方面表現出主權者＝國民優於議會的方向（在
國家機關的層次上則屬行政權的優位），另一方
面則表現出憲法優於議會的方向（在國家機關
的層次上則屬法院任務的擴大），但是如果把
「憲法制定權」作為不斷地產生憲法之「動態」

位置時，則第一方向所謂國民意思絕對性之觀
念，最終地將與憲法觀念不能兩立，因而會和
第二方向正面衝突；惟在第二方向之憲法絕對
性場合，實際上亦能導出「憲法制定權」的理
論，不過那是作為「靜態」的位置，用以表示
既存憲法之正當性所在而實行擁護憲法內在價
值的任務[52]。所以他在論述到關於國民主權之
「主權」場合時，其意謂的乃是憲法制定權力
本身，但於近代立憲主義之下，制憲權則是「永
久的被凍結」，亦即所謂「國民是憲法制定權者」
的這個命題，僅是作為表示實定憲法之正當性
所在[53]。

4. 在國民主權＝「人民主權」＝國民憲法制定權
之模式下，僅限於要求普通選舉等之一定制
度，而不一定意味著公民投票制度等之法律決
定裝置的存在，況且也不意味著政治上的決定
力實存於國民之手[54]。為此，「人民主權」
（peuple）在他之運用下，已不再具有追求直
接民主主義的性格了。

5. 在解釋論、立法論之實踐場面，應該避免所謂
「國民主權」觀念之使用，亦即在「國民主權

之貫徹」下所主張的實踐要求，不是根據把權力和國民想定為一體化之「真的國民主權」觀念，而是應該根據對抗權力的人權觀念——這是以權力實體和國民之分裂為前提，即兩者之緊張關係為前提的觀念——來實行[55]。

6.所以，對於主權之討論應該注意主權的「魔力性」問題。在憲法史上之一定階段——君主主權和國民主權之對抗成為課題的階段，國民主權是作為「為了解放之魔力」而實行了決定性的任務，因而像二次大戰期間之德國學者卡爾・史密特（Carl Schmitt），直接地將憲法制定權力的問題置於憲法學的中心，於是根據所謂「國民喝采」（acclamation）的魔力，開設了一條根本破壞威瑪立憲主義體制的途徑；所以，在國民自己決定的場合，國民主權在發揮「作為解放之魔力」的同時，對於以「國民之名」而危害人權的可能性，則應該堅持將國民「從魔力中解放」的觀點[56]。依照學者樋口陽一之結論，不難看出其維護憲法基本秩序及憲政體制之用心，以避免實定憲法在「國民主權」之名下受到不當的破壞。

(三)國民全體與有權者總體之一體把握說

■正當性契機和權力性契機共存說

提出此一說者，為學者蘆部信喜。他認為國民主權原理含有兩個要素。一個是權力性的契機，就是最後決定國家政治方針的權力，應由國民自己行使；另一個是正當性的契機，即國家獲得行使權力之正當性的最終權威，存在於國民[57]。而就主權的權力性方面，由於重視國民自己最後決定國家統治的要素，所以主權的主體——「國民」，係指實際上能為政治意思表示之選舉人總體而言，這又與直接民主制度密切相連；相對的，在主權的正當性方面，由於重視國家權力正當化及賦予權威的根據，畢竟屬於國民的要素，所以擁有主權者——「國民」，並非僅限於有選舉權之人，而應該是全體國民，而此又與代表民主制、議會制連結在一起[58]。

不過，在學者蘆部信喜所提出之國民主權理論中，有二點是值得特別注意者：

1.本來國民主權的原理，是源自於國民憲法制定權力之思想，而國民制憲權的本質特徵，也在

於由國民直接行使權力；但是於近、現代之立憲主義憲法體制下，制憲權已轉化為修憲權（被制度化的制憲權）而內包於憲法典之中[59]。

2.「國民代表」（議員）應從政治性的代表再加上社會學的代表來予以掌握。所謂「政治性的代表」，是國民的意思與議員的意思間，實際是否一致並不是問題，議員只要有為國民而活動之意思即已足夠；而「社會學的代表」，乃是為求得民意與代表意思間之「事實上類似」的確保，即代表必須將國民多樣的意思，盡可能公正且忠實地反映到國會[60]。

其中在「國民代表」的問題上所謂之「社會學的代表」概念，基本上是與「法律學的代表」概念有異的。前者，國民之共同意思是在議會中透過各個代表相互間的討論、協商而形成；相反地，後者，國民之共同意思已經實存於一般社會中，代表不得違反且應受法律之拘束[61]。然誠如學者光信一宏所指出的，在現今各種利益衝突的現代，代表不是作為表明法律所擬制的國民意思之人，而是應該從實際上存在之差異性和多樣性出發，以制定出共同意思之人[62]。

■作為實定憲法之正當性原理及構成原理說

　　學者左藤幸治認為國民主權應該以包攝複數層級之全體來予以把握，亦即國民主權應該包含正當性原理的側面和實定憲法構成原理的側面。

　　首先，作為正當性原理的國民主權方面，制定且支持關於國家統治應有狀態基礎之憲法權威係存在於國民，因此這個場合的「國民」是包含了制定憲法時之國民、現代的國民及將來的國民之觀念統一體，而國民之意思則被看作是使國家合法性體系成立的正當性根據[63]。

　　其次，作為實定憲法構成原理的國民主權方面，可再分下列兩點說明：

1. 統治制度之民主化要求：國民主權不僅是作為成立憲法的意思或權威，尤其是以憲法為前提下，國家統治制度必須被組織成能用以表現國民之意思或權威，特別是代表國民之機關的組織或活動，於憲法所定之基本架構中，必須不斷地從所謂反映民意的角度被問及；再者，以有權者團體之國民意思所組織的國家機關意思，因為不是作為正當性根據的國民意思，故

不能主張絕對性而應加以留意[64]。

2.確保公開討論之要求：作為構成原理的國民主
權，不僅要求統治制度之民主化，亦要求適於
作為監督統治和其活動的公開討論，能於國民
之間得到確保，因此集會、結社自由、表現自
由，在作為實現根據民意政治運作機能之手段
下，具有著結合國民主權的側面[65]。

此外，就國民與代表的關係言，左藤幸治之見解
亦頗值注目。首先，他認為議會之代表觀可分成四個
類型：(1)把形成統一性國家意思之機能委託其他機關
來行使的「委任代表」觀；(2)遮斷實在民意，由自己
獨自實行，以形成統一性國家意思為目標的代表觀；
(3)一面忠實地反映實在民意，同時一面也由自己獨自
實行，以形成統一性國家意思為目標的代表觀；(4)導
入命令的委任，而完全作為直接民主主義的代表觀
[66]。不過，代表制能符合「國民自治」之理念而稱為
代表民主制者，只有(3)和(4)兩者[67]。

復次，議員和國民之法的關係，不外乎只是在選
舉中表現出來，且因為議員有獨自判斷的行動自由，
所以把國民代表之意思解為法律上的國民意思，是不

妥當的，故在此之代表僅限於政治上的意味，於是議員經由選舉當選為「全體國民之代表」後，不會成為原選舉區選舉民之法律責任（例如罷免）的追及對象 [68] 。

(四)小結

經過了眾說紛紜之國民主權學說論述後，明顯地可以看出若想要精確地把握「國民主權」的本質，基本上仍然是有困難的。但是至少在這些討論中，凸顯了「國民」與「代表」（議員）兩者間之互動關係應該要如何解決之問題——其中更包含了主權之行使能否被代表及在國民主權原理下之憲法制度要求等問題。

不過，我們不能忽略的是，國民主權的起源和確認，實與近代市民革命之發生有著密切的關聯，因此誠如學者指出的，「革命，乃是在階級間的權力移動問題，或是權力之階級性格的變更問題」[69]。惟吾人認為即使是在一般情況下，國民主權仍然扮演著權力於階級間重行分配的重要角色，所以毋寧企圖放棄國民主權概念之使用以避免民眾階級對立的升高，倒不如用國民主權的概念來使權力在各階層或團體中能得到合理的劃分，以維持整個社會系統之均衡狀態，或許

來得恰當吧！當然，也許會有所謂國民主權被濫用之虞的反問，而關於這一點，的確也是不容否認的。但是，隨著民眾教育的普及及知識的發達，作為社會構成員之個人多少都具有一定程度之「理性」存在，所以面對這個問題的處理，實不需過於悲觀。再者，從國民主權與人權密不可分之角度觀之，除非社會已達到極高度同質化之狀態，否則人民「主權意識」的喪失，同樣地亦會產生人權受到侵害之危險。

　　而我國憲法第 2 條規定：「中華民國之主權屬於國民全體」，惟關於此「國民主權」之意涵究竟應該要如何來解釋呢？吾人基本上是採取把國民作為「國家權力之所有權人」的見解，當然此時主權是作為國家權力在國內歸屬的法原理。而這樣的看法，原則上是比較傾向「人民主權」（peuple）的理解，至於其理由則如學者所主張的：「作為主權者之國民，如果不是統治權（國家權力）的所有者，則國家在和作為主權者之國民的關係上，統治權存在理由之曖昧化就會難以避免了」[70]；其次則為「人民主權」之理念型態，關於主權之爭點亦即國家權力的歸屬問題，提供了一定的解決途徑[71]：

1.「人民主權」不只意味國家權力的正當性，更意味國家權力必須歸屬於「人民」。

2.組織原理必須根據直接民主主義構成，但是這個原理並不會解消於代議制之中，亦即其並不排斥代議制，但是作為擔保議員和主權主體間同質性的拘束關係必須被編成。

3.在代議制之下，普通選舉制是不可欠缺的前提。而代議機關是主權＝國家權力的間接行使機關，因而這個機關在原理上，不能排除主權主體直接行使國家權力的可能性。

　　但是必須指出的，法國式之「人民主權」理論把「國民」理解為「有普通選舉權之人民總體」，容易導致國民被分裂成有主權者和沒有主權者的批評，惟就此點而言，吾人認為「人民主權」說仍然存有如學者蘆部信喜將「國民」以正當性契機和權力性契機一體把握的性質在內，只不過其較為強調「權力性契機」的行使側面罷了[72]。此外，由於「人民主權」強烈地希求直接民主制精神的貫徹，所以在憲法架構上應該採行如何之體制，便成了一個大的問題，有學者謂，於「人民主權」原理下，「直接民主制的導入或命令委

任的制度在憲法上被認許之事是必要的」[73]。

　　不過吾人認為:第一,就命令的委任而言,指的
是各選舉區之選舉人對其所選出之議員發出有拘束力
之訓令,一旦議員有所違反時則得將其罷免之謂,而
這樣的目的乃是期望議員能忠實地反映民意。但在現
行許多國家憲法中(包括法國在內),關於命令的委任
卻是明文禁止的,而理由不外是議員並非為選舉區選
舉民之利益代表或地域代表,而是作為全體國民的代
表,且命令委任等於是「把議員置於『奴隸』的狀態」
[74],故不可採。其次,這樣的「命令」應該如何作成、
由誰作成,基本上都是非常不明確的,所以就現實情
況來考慮,命令委任的實行難謂不是一種陳義過高的
理想。但是在此須要說明的是,儘管命令委任不可行,
然並不排斥一般罷免制度之要求,畢竟原選舉區之選
舉民亦是全體國民之一部,所以當然有權將不適任之
議員予以解職,而此也是符合一般民意政治的原理。
甚且,「在政黨發達之今日,命令委任的禁止=自由委
任,在政黨於選舉之際,如對選民公布選舉公約後而
大幅度改變政策時,勢必需要重新再從選民獲得委
任,而具有『一般委任』的意味」[75],而「發揮這個
規範之效力者,乃是以開除黨籍、變更黨籍為理由,

來剝奪議員之身分」[76]。第二，就直接民主制度的導入言，毋寧比起命令委任是屬於較為能夠施行的制度，至少它在一定程度上具有補充代議政體不完備之功能，且符合人民自己統治的原理，而法國現今第五共和體制、日本國憲法等皆部分地採行此制度，所以關於創制、複決等直接民主制度之採用，應該給與正面積極的回應[77]。而就我國的憲政體制言，基本上也可以見到直接民主制度之規定，例如憲法第 27 條 2 項規定，國民大會能行使（中央的）創制、複決權（不過此時仍有著人民無法直接參與國家意思形成的缺憾）；地方制度法第 16 條第 2 款規定，市民對地方自治事項有依法行使創制、複決之權。故目前有關創制、複決之法律雖尚未制定，但吾人相信國民對於政府施政的不滿、立法品質的低落、司法正義的不公，而要求直接民主制度的採行，應該會越來越強烈。

四、國民主權與國家主權的緊張與調和

基本上，在論述到國民主權的同時，不可避免地都會碰觸到「國家」這個課題，尤其在談及有關人權

的時候，國家權力更成為核心的問題。但是，「國家」
這個與人民日常生活息息相關之組織體，在憲法的概
念上應該如何來把握，似乎也頗費思量。就法律的層
面言，一般上大抵是將國家作為「法人」來處理，亦
即國家乃一權利義務之主體，具有得享受權利、負擔
義務的資格，且為統治權（主權）的主體。於是，在
這樣的一個意義下，人民便成了國家的統治客體，且
為國家構成的要素之一；而關於這樣的一般認識，通
常是從「國家法人說」的立場來理解的。不過，如本
書先前在「國家主權」部分所敘述的，基於國家法人
說的國家主權論，其迴避了國家權力在國內的歸屬問
題——即國民主權的問題——，而把國民解為國家機
關，使國民的權利必須藉由國家的自己限制來獲得承
認。因此，在這樣的狀態下，國家的利益優先於民眾
的利益（國家主權優先於國民主權），一切皆以「國家
本位」為出發。所以，從國家法人說主張之國家主權
理論觀之，其導致了國民被解消於國家之中的結果。

　　因此，透過這樣的闡明，我們不難看出其中的問
題，所以對於「國家」概念的憲法認識，便有重新再
加以檢討的必要。底下，吾人將以「國民主權」的觀
念為本位，藉著幾點的論述，嘗試著重新建構國民與

「國家主權」的關係：

1.對於傳統所謂「主權」歸屬於「國家」的這個
命題，應該予以放棄。在國民主權原理下，因
為國民是主權的所有權人，所以不論國民係指
國民全體或有選舉權者總體，抑或兼及二者，
但是至少主權歸屬主體指的是「國民」而非「國
家」。於是，基於如此之立論，主權＝國家權力
既然是為國民所擁有，則國民必須提升到位於
國家之上或至少等同於國家的位置，因此國民
不再是作為國家的機關，而是以「國民即國家」
的型態來表示。

2.在國民即國家之理論模式下，國家反倒被解消
於國民之中，於是國家這個組織體便成了作為
國民之對外表徵而已；因此在對內側面上，純
粹是屬於國民與國民之間的關係，而不應該有
國家的因素介入於其中。所以一般所謂「國民
應服從國家統治」的這個命題，不外意味的是
「國民係服從自己統治」或「國民自己管理自
己」的意義。

3.由於國民與國家地位的互易，所以國家主權只

是作為「國民主權」之對外代名詞而使用的概念，因此在這樣的前提下，國民主權與國家主權便可合而為一，達到如學者所指摘應將兩者「統一把握」的目的[78]。

4. 基於國民主權原理所建構的國家論，原則上並不排斥「國家」具有法人之性質及人民是國家構成員的這個事實，因為所謂「國民即國家」的命題，仍然是以作為集合體之個人＝國民為基礎而成立的，所以與「國家法人說」不同者，乃是在作為法技術說明的理論而已，亦即最重要之點，是不再把國民視為「國家機關」來理解。

5. 在「國家法人說」的理論下，由於國家利益優先於國民利益，故容易導致國家（實質上是統治者）與國民直接的對立與衝突；相反地，在以「國民主權」為主的理念下，國家之一切作為基本上都受到一定程度之制約或以國民福祉為依歸，於是「作為主權者的國民和統治機關的關係，是處於所謂『信託』、『代表』、『委任』的關係」[79]；再者，因為作為實現國民自己統治重要一環之地方自治制度化的普遍展開，使

得國民與國家的緊張關係亦能逐漸地趨於和緩。

6.在關於主權主體「國民」的問題上，雖然國家主權是作為國民主權對外側面的表徵，但那卻是先將國民內部可能因種族、宗教、文化、地域等等因素所產生的分裂現象予以排除而得到的簡約化概念，所以一旦把這些複雜要素放入此一系統概念模式時，就結果而言，國家主權也有可能由於多元化社會國民意見分歧的影響而變得脆弱——就此點來說，傾向中央集權式的統治型態，似乎在對外之國際關係問題上，較具有確保國家利益之機能——但是這樣的事實，應該僅限於國民彼此間發生嚴重對立且無調和之望的情形！

此外，藉由學者樋口陽一在關於所謂兩種國家型態對立的描述，亦有助於我們對國民與國家關係的瞭解。在此，他以法國近代的國家型態（議會中心主義）與美國的國家型態作為對比，認為：「盧騷＝賈克賓型的近代國家型態，在否認中間團體而導致『國家←→個人』之二極構造下，只有國家權力被認為是正統的；

而在這個集權型態下，議會制定的國家法＝作為一般意思表明的法律 loi，獨占了法 droit 的應有狀態。相對地，積極認同結社的存在，而在社會的權力也能具有正統性的前提下，描述出多元型態者則是美國；於此，社會的法是以訴訟當事人，特別是以律師 lawyer 為主體而形成判例之方式來表現，或於立法之際以所謂遊說 lobbying 之方式為各種利害之調整」[80]。為此，我們可以看出在「中央集權式的民主」與「社會多元化的民主」這二個對照模組中，國民與國家互動關係的不同，且後者比前者應該是較有助於國民與國家之間緊張關係的解決。

　　因此，吾人認為國家主權與國民主權的關係，實為主權之「表」、「裡」二面，合則受利，分則受害，所以如何將兩者統一的把握，的確也是相當重要的課題。而吾人認為，除了重新定義或架構兩者之法律關係外，就社會結構及制度而言，如何讓上位者明瞭各階層民眾的真正需求且使其尊重之，才是調和兩者緊張關係的根本解決之道。

五、國民主權與直接民主主義

　　所謂的直接民主主義，乃是人民自己不委由任何他人而直接行使國家權力之謂。但是在現代國家，想要達到完全直接民主政治的階段，幾乎是不可能的，因為隨著人口的急遽增加、事務之專業化和複雜化，及考量民眾政治參與程度的熱誠，所以純粹的直接民主制度在事實上有著絕對的困難性。不過，由於社會之進步及人民知識水準的提升，民眾對「國民主權」意識之覺醒也導致了政治體制朝著部分直接民主主義來修正，以確保人民在某些事項上能夠直接參與國家意思的形成，進而符合人民自己統治的法理。

(一)直接民主制度的適用範圍

　　一般在論及直接民主制度時，究竟它的適用領域包含那些對象，則有究明的必要。對此，有學者提出下列之分類[81]，可供參考：

　　1.關於問題本身之條件——

　　(1)被決定的問題應不具急迫性。

　　(2)對於問題的回答，原則上採取「贊成」或「反
　　　　對」之方式。

2.關於適用的對象——

　　(1)立法權行使者的任免。

　　(2)行政權行使者的任免。

　　(3)司法權行使者的任免。

　　(4)一般、抽象之國家意思的形成。

　　(5)個別、具體之國家意思的形成。

　　(6)裁判。

　　其中除立法權之外，比較值得注目者則是有關直
接民主制度在司法權方面的運用。以日本為例，該國
憲法第 79 條 2 項規定：「最高法院法官之任命，應於
其任命後首次舉行眾議院議員總選舉之際，交付國民
審查……」同條 3 項：「前項審查，若多數投票者贊成
罷免法官，則該法官應予罷免。」而對於這樣一個司
法官之國民審查制度，姑且不論其實質效用如何，但
如學者所指出的：「若考慮以此制作為國民監控民主手
段之重要性，則不應輕易地廢止此制；將此制度之目
的，不放在判斷法官是否作為法律家，而是放在矯正

法官的想法和意識，與民意之間所生的差距上」[82]；
再者，「最高法院因為有……作為最終審的違憲立法審
查權，所以根據最高法院法官須得到作為主權者國民
以直接投票取得信任的這件事情而言，國民審查制度
實具有擔保最高法院對於國會及內閣之權威和獨立性
的意義」[83]。此外，對於司法裁判的國民參與，在美
國則有陪審制度，在歐陸亦有參審制度之實施。因此，
從這些外國立法例觀之，在直接民主制度之適用範圍
上，實非僅局限於「立法」的層面而已。

(二)直接民主制度的行使方式

　　關於直接民主制度的行使，在國內的用語上，通
常係以創制（initiative）、複決（referendum）稱之。
不過在學理上，就複決而言，其尚包括了「人民拒絕」
和「人民投票」；而就創制而言，又可分「直接創制」
和「間接創制」，且最後通常亦伴隨著人民投票表決的
程序。而國內一般慣用的「公民投票」一語，究竟指
的是狹義的「複決」程序，抑或包括廣義的「創制」
程序，似乎是不太明確的。底下，就以直接民主制的
學理上分類，加以闡述。

■「複決」

　　通常係用來作為人民對議會所制定之法律為贊成與否之表示，但是實際上卻不限於此，亦即對於一般的事實問題（例如核能電廠興建與否的問題、總統適不適任的問題，或國家分裂的問題等等），皆可作為人民複決的對象。基本上，人民複決可分成「人民拒絕」和「人民投票」二種制度。

・人民拒絕

　　乃是對於議會議決通過且公布施行之法律，人民可於一定期間內表明「反對」意思的一種法律撤銷程序。而此種「人民拒絕」的發動，必須有相當之人的連署並於法定期間內提起之，否則期間經過，該法律即因人民之默示承認而生實質確定力，除非藉由修法程序，否則不得再更動之。

・人民投票

　　首先，就字義而言，plebiscite 和 referendum 兩者都是人民投票的意思，但在法國，鑑於拿破崙實施帝制獨裁經驗的影響，故於學說上將人民投票區別為 plebiscite 與 referendum 兩種不同的意義。區別之標準約有[84]：

1.以人民投票之目的及機能為區別標準。所謂的
　plebiscite，乃是人民表明對於特定人之信任及
　承認其行為的二重決定。易言之，plebiscite 乃
　是人民賦予特定人權力；或於政變之際，要求
　對已經實行之行為承認其為有效，故具有等同
　於人民放棄的效果，而達成沒收國民主權的目
　的。所以 plebiscite 乃是基於權力的詐取，而試
　圖從人民得到無限制的權力、法外的權力，或
　破壞憲法均衡之權力。為此，plebiscite 大體上
　可分成三個類型：(1)制憲型的 plebiscite；(2)
　作為 referendum 逸脫型的 plebiscite；(3)作為純
　粹凱撒型道具的 plebiscite。

2.以該人民投票之議題，是否須事前送交議會討
　論為區別標準。基於此，便可區分為已實行公
　開討論的 referendum，及以特定人或集團所提
　出之法案為對象，但卻未交付議會公開討論而
　以巧妙的條件直接交付人民投票的 plebiscite。

3.以投票之對象是人物或事務為區別標準。關於
　交付人民投票之議題，即使是屬於法律或政策
　等「事務」的情形，但如實質上是屬於對「人
　物」為投票者，則把這樣的人民投票稱為是

plebiscite。因此，plebiscite 雖是就明確之議題所實行的 referendum，但實際上，卻是就要求絕對權力之特定人所實行的 referendum。

4. 以交付人民投票之議題是否合法為區別標準。所謂的 plebiscite，可謂是沒有合法性根據的 referendum，亦即是在憲法沒有規定下而實行的 referendum。

5. 以人民投票開始的態樣為區別標準。促使人民投票的不是議會，而是行政首長，且對投票者加以一連串難以抗拒之心理或法律要素之壓力者，則可歸為是 plebiscite。

6. 以人民之政治意識為區別標準。論者有謂：plebiscite 除具有三個特徵外——(1)秘密投票不受保障；(2)不是就二個對應的統治型態作選擇，而是就秩序或無政府狀態作選擇；(3)將市民置於既成事實之面前作選擇——人民政治教育的現狀亦應考慮在內。比起選舉，referendum 要求人民需受有高度的市民教育。

但是，期望放棄 plebiscite 概念的學說，現今逐漸地成為是有力的。其主要論據，係認為在客觀上要區

分 plebiscite 和 referendum 是不可能或困難的，因為 referendum 或多或少都可能含有 plebiscite 的要素。且國家元首要求對其個人信任所實行的公民投票，亦屬於責任原則的適用，且亦有可能達到所謂「罷免」的效果，故無需給予過度非難之評價。惟亦有認為，plebiscite 概念雖是歷史的概念，但 plebiscite 概念的放棄，結果將會實行無條件肯定社會、政治現狀的機能。

其次，就人民投票的類型方面，若僅就「立法層次」而不包括事實問題而言，是指對於議會議決通過但尚未公布施行之法律，交付人民為贊成或反對表示之一種使法律生效的程序。亦即法律雖經議會議決通過而成立，但仍是處於效力未定（或不生效）的階段，必須在得到人民的承認（贊成）後才能產生實質的拘束力。而此種之「人民投票」制度，若根據各種不同之設定基準，又可再作下列之分類：

1.就法律層級而言，可分為：(1)制憲型（修憲型）的人民投票；(2)立法型的人民投票；(3)國際條約型的人民投票。

2.就法律效力而言，可分為：(1)諮問型的人民投票；(2)決定型的人民投票。所謂「諮問型的人

民投票」，是指在議會審議法案前所為之人民投
票，其純供議會參考而不具拘束力，但實際上
議會仍會感到相當之壓力。而「決定型的人民
投票」，是指一般對議會議決通過之法律所為的
人民投票，而此種人民投票具有絕對的效力。

3. 就法律是否有強制規定而言，可分為：(1)強制
性的人民投票；(2)任意性的人民投票。所謂「強
制性的人民投票」，是指依據法律之強制規定，
就特定法律必須交付人民投票之謂。反之，若
可由政府、議會或人民自行決定是否要將議會
議決之法律交付人民投票者，則稱為「任意性
的人民投票」。

再者，就今日法國第五共和下人民投票制度的現
況而言，鑑於前面章節對國民主權的探討係偏重在法
國的學理與制度方面，故底下便以法國第五共和制憲
法第 11 條關於人民投票的規定作一概略性的論述。法
國現行的人民投票制度，原則上有所謂「基於
referendum 的民主化」及「referendum 制度本身的民
主化」兩種側面[85]。前者，主要是因為法國在第五共
和制以前一直強調「議會中心主義」，故造成議會獨大

而不受控制的局面（即前面章節所敘述過的 nation 主權的情形），故欲藉著人民投票的制度來予以制衡；而後者，乃是因第五共和時期的憲政已由以往立法權獨大轉變成「行政權優越」，故人民投票的實施幾乎操縱在總統一人之手，所以如何謀求人民投票制度本身的健全以制衡總統濫權的情況發生，便成當務之急。

　　首先，讓我們看看法國九〇年代以前的情形。依據第五共和制憲法第 11 條所實施的人民投票，至一九九七年止，共計實施了七次。特別是在戴高樂總統時期曾經頻繁地實施。一九六一年一月及一九六二年四月關於阿爾及利亞的問題、一九六二年十月關於導入總統直選的憲法修正所實施的人民投票，皆得到多數的贊成。但於一九六九年關於地域圈創設及元老院改革的憲法修正所實施的人民投票，該修憲案卻被否決，而戴高樂總統亦因此而辭職。在戴高樂時期，關於其所實施的人民投票，皆具有對自己信任投票的意味，故曾惹起所謂 plebiscite 的批判。一九七二年四月在朋皮度總統時期，關於歐洲共同體之擴大，一九八八年十一月在密特朗總統時期，關於新喀里多尼亞之地位，皆曾實施了人民投票。但在這二者之間的十六年，人民投票都未曾實施過，故關於第 11 條人民投票

之規定便有所謂空洞化的批判。而在一九九二年九月
關於馬斯垂克條約所實施的人民投票，以贊成 51% 及
反對 49% 之些微差距而得到承認，除顯示出議會和國
民意思乖離的同時，也重新使得人民投票的議論活絡
了起來。

　　此外，依據憲法第 11 條之規定，人民投票的交
付權專屬於總統，且依憲法第 19 條之規定，人民投票
的提出行為無需總理之副署。因此，對於總統的人民
投票決定，雖有所謂在會期中應「基於政府的建議或
兩議院的共同建議」為條件，但是至少從法的觀點，
對於總統人民投票之實施決定是沒有制約的。因為即
使有建議，但總統不被建議所拘束而能拒絕人民投票
的實施；再者，由於政府對於總統具有從屬性，故關
於政府的建議只不過是形式的，實際上，除了一九八
八年之外的人民投票，總統實質上決定了人民投票的
實施，政府只不過為形式上的決議而已。另外，憲法
院在判決中對於根據 referendum 所通過的法律，認為
是屬於「國民主權的直接表明」，故不受合憲性的審
查，因此，有違憲之虞的法律交付人民投票亦是可能
的，並得免於憲法院之違憲審查。再者，實施人民投
票前，亦不受議會的專前審議。所以，第五共和制憲

法第 11 條關於人民投票的規定，在九○年代以前之憲政運作上全憑總統之意思，而將其置於憲法院的法的控制及議會的政治控制之外。

其次，再來看看法國九○年代以後的改革。一九九三年二月十五日，憲法修正諮詢委員會受到密特朗總統之要求而提出之憲法修正報告中，關於人民投票，曾提出了以下的建議：

第一，人民投票的對象，包含「公共自由的基本保障」的問題。為此，可謂是在人權和市民參與這二個領域的進步。

第二，導入憲法院的事前審查制，即未受憲法院合憲性之確認後，不得將法案交付人民投票。此乃係為避免人民投票是在國民未經冷靜判斷即下決定及造成基本制度或人權危機的同時，也具有禁止根據憲法第 11 條以達到憲法修正的目的。

第三，經議會少數派之提案，即議員五分之一獲得十分之一選舉人之支持時，亦得為人民投票。因此，議員之五分之一得將法案送交憲法院，待憲法院確認其合憲性及審查支持者名冊之有效性後，便可將法案交付於議會。如議會於四個月內未議決通過該法案時，憲法院便應將該法案交付人民投票。

　　不過在一九九五年修憲時，其中對憲法第 11 條的修正，乃是著重在擴大人民投票的對象，增加了「國家的經濟及社會政策和相關公共事務的改革」法案。而在議會的審議中，否決了關於導入憲法院事前審查制與人民創制的提案，但在另一方面，卻承認議會事前審議的權限。因此，基於政府提案所實施的人民投票，政府須對兩議院報告其要旨。

　　此外，一九九五年的憲法修正，並未對人民投票與憲法院的關係加以任何的改變，使得人民投票對象的擴大，也意味著不受違憲審查領域的擴大。因此學者有謂：此乃意味著「法治國家潛在的衰退」，同時也和七〇年代以降作為「自由和人權保障機關」的憲法院，立於緊張的關係[86]。

■「創制」

　　創制則是指經由一定人數連署提出法案後，將之交付人民投票表決或交由議會制定成法律的一種人民造法程序。

· 直接創制

　　凡公民提出之法案直接交付人民投票而不經過議會審議者，則為直接創制。此外，若依不同之基準，

可再予以分類。

　　1.就法律層級而言，可分為：(1)制憲型（修憲型）
　　　的人民創制；(2)立法型的人民創制。

　　2.就法案本身而言，可分為：(1)明文化的人民創
　　　制；(2)非明文化的人民創制。所謂「明文化的
　　　人民創制」，是指人民提出之法案係屬於完整性
　　　的法案。如果人民只是提出法案之原則，餘則
　　　交由議會代為制定成完整的法案者，則屬於「非
　　　明文化的人民創制」。

・間接創制

　　指公民提出之法案須先交由議會討論，而議會議
決通過時則成為法律；反之，議會須再把該法案交付
人民投票表決之，故稱為間接創制。而其細部之分類，
則與直接創制同。

(三)小結

　　直接民主制度，這個既古老又新穎的話題，從近
代到現代一直圍繞著憲政的發展而備受爭議。但是就
現代許多國家而言，或多或少的在一定程度上都採行
了不同類型之直接民主制度，而這意味著什麼呢？誠

如學者所言：「第一，在直接民主制度中，能夠發現到作為確保或貫徹『根據民意之政治』的任務。第二，直接民主制度有助於行政機關之安定和強化」[87]。不過，就現實的運作而言，直接民主制度亦存在著一些需要注意的問題：

1. 直接民主制度大體上分成創制及複決二大部分，但就創制而言，不具法律專門知識之社會一般大眾要想提出完整的法律案於議會審議，恐非易事，除非是由法律學者所草擬，且如果某問題確有立法之必要，亦可透過遊說或請願等方式來達成，故直接民主制度的重心毋寧是在複決（尤其是人民投票）方面，蓋其對象有時並不限於法案，尚可包括各種形形色色的「事實問題」。

2. 就人民投票而言，在理論上區別 referendum 與 plebiscite 兩者之法律上意義應是有用的。不過，亦誠如學者所說的：「在今日，比起兩概念之觀念上的區別，如何將作為『反應民意手段』之 referendum 的有效性和界限予以明確化，毋寧是先決的問題」[88]。

3.人民投票雖然具有緩和代議政體獨斷而強化民
意之作用，但是人民投票之實施亦不能過份頻
繁，否則人民參與投票意願之低落，將有礙其
反映民意機能的正確性。其次，人民投票不得
在重大事件發生後不久即刻舉行之，因為此時
人民之價值判斷容易受到外力之影響而產生某
種程度的偏差。再者，於人民投票之前，應該
有必要進行一定形式之政策辯論，使人民對於
問題能有清楚的認識。此外，在有關財政的問
題上，由於人民通常都會存有利己的心態，因
此似應限制其成為人民複決的對象。

4.人民投票結果的門檻最好設計在超過三分之二
或達到四分之三為宜（可視問題性質的程度設
定不同標準），以確保及賦予人民對該問題決定
的效力，並避免正反結果相近時，民眾彼此間
所可能產生的對立和衝突。

5.人民投票的提案權不宜只操於元首、內閣或議
會等國家機關之手，對於人民亦應賦予提案
權，以避免國家機關藉機操縱民意並擴張自己
的權限。

6.在人民投票的效力與司法機關的違憲審查權所

可能產生的緊張關係上，吾人認為人民投票的
結果只要不是違背憲法存立所賴以依據的「根
本規範」（諸如自由民主憲政秩序、國民主權原
則、權力分立原則等），則司法機關的違憲審查
權應自我設限甚或根本不得行使，畢竟國家機
關的權限係源自於全體國民，違憲審查權當不
得與全體國民的意志有所牴觸，否則就算行
使，實質上恐亦僅具「建議」性質而產生不了
任何拘束力，並有引起政爭的可能。

六、國民主權與地方自治

　　國父孫中山先生曾用「地方自治者，國之礎石
也。礎不堅則國不固」這句話來說明地方自治的重要
性。但是，地方自治為何如此重要，乃在於它具有確
保人權及促進民主化等落實國民主權的作用。因此，
地方自治的要求已成為現今各國發展的潮流和趨勢，
此從歐盟共同理事會於一九八五年七月二十七日制定
之「歐洲地方自治憲章」（一九八八年九月一日生效）
及國際自治體聯合（International Union of Local

Authorities, IULA）於一九八五年及一九九三年兩度發表之「世界地方自治宣言」可見一斑[89]。而在此處，由於地方自治的課題牽涉極為廣泛，因此本論文對於此問題的探討，僅著重地方自治之意義、性質及其與國民主權的關係作原理上的論述，而不就實際之制度層面加以檢討。

(一)地方自治的意義

　　一般在論述到地方自治時，通常指的是「團體自治」和「住民自治」這二者。而所謂的「團體自治」，係指地方公共團體對於地方性之事務能夠基於自己的意思而為處理，不受國家干涉而具有一定之獨立性，因此其強調的是「自由主義」的要素；而「住民自治」，則是地方的住民能夠參與地方意思的形成，以滿足最基層的自我統治要求，故其強調著「民主主義」的要素。至於「團體自治」和「住民自治」的關係，基本上，團體自治可謂是住民自治的保障，亦即沒有團體自治則住民自治將無法實現，但是如果只有團體自治而欠缺住民自治，則作為民主原理之民意政治亦無法建立，所以兩者實為相輔相成的關係。不過，亦有反對見解認為：「團體自治與地方分權主義相結合，但是

住民自治存在朝向中央集權的可能性亦是有的,因此從這樣的觀點而言,至少在理念的層面上可以在兩者之間發現到矛盾」[90];此外,「為了地方自治的充實,從住民自治的觀點而言,確保或進一步地擴充住民對於政治行政之參加權利是被要求的。但是,這個民主主義的要求不限於地方自治的範疇,在國政的範疇應該也是妥當的。亦即,住民自治不是屬於地方自治範疇的固有價值。因而……作為理論上的問題,是否能把住民自治解釋為形成地方自治概念的一個要素,是有問題的」[91]。的確,這樣的指摘是頗具挑戰性和爭議性的,但是吾人認為,住民自治是著重於住民對地方性事務的處理,而地方性事務又因各地方公共團體情況之不同而存在著特殊性,所以若欲藉由住民之國政參加來解決地方性事務,則不可避免地將會和團體自治的要求有所牴觸。是故,吾人認為住民自治難謂不是地方自治的要素之一,只不過是住民自治在與團體自治的比重上,因各國情形之不同而會有所差異吧!

(二)地方自治權的性質

　　基本上,地方自治包括「團體自治」與「住民自

治」，已如前述。惟這樣的自治權，其性質究竟如何，學說上有著各式各樣不同的說法。

■固有權說

此說認為自治權是地方公共團體及住民固有的權利，並非基於憲法規定或法律所創設出來的，因此「其性質與個人基本權相同，不可侵犯」[92]。於是，自治權在這樣的理解下，便與自然權相當，是先於實定法而存在的概念。

■承認說

此說認為「自治權對於地方團體而言不是固有的，而是根據國家的委任、國家的恩惠所給予的」[93]。明顯的，承認說是對固有說之批判所提出的理論，主張地方公共團體是作為國家整體統治機構的一部分，不能排除國家強烈的指揮監督。但是，此說由於太過強調國家的重要性，因此地方自治權限受到中央不當之限制是非常可能的，果真如此，則所謂的自治權只不過是有名無實之宣示性概念而已。

■制度性保障說

這一說基本上也可稱得上是廣義的承認說，但是

就地方自治的保障而言，其強度勝於承認說。大體上，關於制度性保障理論的提倡者，當推德國學者卡爾‧史密特（Carl Schmitt），他認為：「根據憲法律之規定，對於一定之制度而給予特別保護之事是存在的。這個場合，憲法上之規定是不得藉由單純的立法方法加以廢止而為其目的。……在制度性保障中，即使是在結合個人或法人主觀權利的場合，那也不是基本權。制度性保障，其本質是被限定的。其只存在於國家的內部，在原理上並非是立足於所謂無限制之自由領域的觀念，而是在法律上所被承認的一個制度。」[94]為此，「自治行政的制度，根據國家之憲法而被保障，因而廢止縣市鄉鎮自治制度是不被允許的，所以在實質內容上，使縣市鄉鎮自治制度消滅或剝奪其本質的法律，大凡皆是違憲的」[95]。不過，制度性保障理論於適用上亦非毫無疑問，特別是在被保障之地方自治的內容為何，似乎是不明確的。惟儘管如此，將地方自治認為是屬於憲法之制度性保障，仍是目前一般的說法。

■國民主權說

　　此說可謂是將地方自治制度從主權原理所展開

的一種新理論。亦即，對於地方自治而言，人權保障
和國民主權原理是重要的。因為地方自治有助於人民
基本權利的維護，而國民主權某些原則性制度之要求
又有利於地方自治的實現。因此，第一，就「團體自
治」的側面言：(1)只要不違反憲法實體上或程序上相
關之規範，「為了住民的人權保障，原則上關於一切事
項，不論法律有無根據或法律規定如何，地方公共團
體都能自主地活動」[96]。(2)關於公共事務的分配，以
「地方優先」為原則[97]。亦即公共事務先分給最基層
的自治體，剩餘地方不能處理的，再分給上一級自治
體，以此類推，最後分配到國家為止。(3)由於團體自
治是地方自治的核心之一，所以地方公共團體應該享
有合理的自主課稅權，而不可由中央獨占，否則，地
方若喪失自主稅源，則將可能產生「中央政府關於地
方公共團體的行政，利用其所具有之各式各樣的許認
可權或各式各樣的補助金，來誘導地方公共團體行政」
[98]的弊端。第二，就「住民自治」的側面言：(1)基於
國民主權原理，住民自治乃是人民自己統治之最基礎
的實踐，且具有防止行政官僚化、促進行政運作合理
化以保障人權的作用。(2)在制度上，基於國民主權原
理，作為保障住民自治手段之廣義「住民參加」制度

[99]，例如罷免地方議員權限、解散地方議會權限、參與地方行政決策權限、地方自治事項創制複決權限、要求自治體資訊公開權限等，應該都是被要求的。

(三)小結

　　近代主權國家的誕生，基於傳統主權單一、不可分之原則，造就了強大之中央集權式國家。但是，在社會不斷地發展下，各式各樣的問題若要完全依賴中央政府來謀求解決則是不可能的，於是在這樣的情況下產生了所謂地方自治的觀念，因此原本的地方自治是屬於上層統治機構權力的下放，以避免國家公共事務運作機能的低落。不過在現代，地方自治的思考方向卻是從強調下層民眾之人權保障的觀點出發，因為地方自治對於固有文化的保存、住民民主素養的訓練、少數民族權益的維護，以及抑制國家權力的濫用等都有相當大的功效，所以地方自治制度於實際上，可謂是實行了一個作為「民主主義學校」的任務[100]。

　　當然，我國亦在這樣的潮流趨勢下，於民國八十三年七月間制定公布了直轄市自治法和省縣自治法，之後該二法由民國八十八年一月公布之地方制度法所取代，為我國的地方自治開啟了新的一頁。不過該地

方制度法之適用對象僅限於具有中華民國國籍的人民
（Bürger），而不包括外國人等之住民（Einwohner）
在內，因此所謂之「住民自治」或許只能稱為「市民
自治」而已。惟目前因留學或工商往來而居住於我國
之外國人（包括其子女）亦不在少數，但卻未積極賦
予他們作為一個人所得享受或改善自己生活品質的權
利，似與人權普遍化的原則有所違背。

七、國民主權與政府資訊公開

　　在現代這個資訊爆炸的時代，誰掌握了資訊，誰
就掌握了領先的地位和優勢。而由於網際網路的發
達，使得民眾能方便地擷取或獲得所想要的相關資
訊，但即使如此，人民所能掌握的資訊畢竟還是有限，
因為一個國家內真正擁有大量資訊的人，不是一般民
眾，也不是民間企業或團體，而是掌握國家權力的政
府機關。為此，國民雖號稱為主權的擁有者，但是民
眾相對於政府機關而言，卻是資訊的弱勢者，所以近
年來國內學界要求政府機關公開其所擁有資訊的呼
聲，大為高漲，以期能向國外法制看齊，以落實民眾

「知的權利」。

　　綜觀民主先進各國，已有許多國家將政府資訊公開予以法制化，其作用在消極上不僅能滿足人民知的慾望及監督政府的施政作為，更可積極地健全民主政治與提升行政效能及國家競爭力。故政府資訊公開制度的建立，對於國民主權理念的落實，當具有密切的關聯性。

(一)「知的權利」的性質

　　一般在論述到政府資訊公開的問題時，最常被提出的說法即是為確保民眾「知的權利」，然而這樣概念的提出，其憲法基礎為何呢？

　　大體上，我國及世界民主先進各國的憲法中，雖未有明文使用所謂「知的權利」這個用語，但卻有相類似的概念存在，如德國基本法第 5 條第 1 項第 1 句規定：「任何人得不受阻礙地自一般可達之來源接受知識。」而於一九四八年十二月十日聯合國大會決議通過的「世界人權宣言」第 19 條亦規定：「人人有權享有主張和發表意見的自由；此項權利包括持有主張而不受干涉的自由，和透過任何媒介和不論國界尋求、接受和傳播消息和思想的自由。」故對於此「知的權

利」的用語，學者大都認為此係在資訊化社會所產生之「新興的人權」觀念，其雖非傳統意義上的人權，但基本上可納入「表現自由」（即言論出版自由）的範疇內以求得憲法上的依據。易言之，表現自由所保障的對象，不只限於以往的表現行為（資訊傳達活動），而應擴大至資訊接收及資訊收集活動[101]。蓋表現自由具有二個基本價值：一為個人透過言論活動來發展自己的人格（自己實現的價值），另一為國民藉由言論活動來形成政治的意思決定，而有助於民主政治的社會價值（自己統治價值）[102]；而知的權利不限於只是傳統的自由權，更能扮演著參政權（進入國家的自由）的任務，亦即個人藉由各種事實和意見的知悉，便能有效地參與政治活動[103]。

　　然而，縱使可從所謂「表現自由」的領域中導出此一民眾「知的權利」，但這個權利的性質，究屬一種「抽象的權利」或「具體的權利」，在學說上則存在著爭議。認為屬抽象權利者，係著眼於立法者尚未制定相關法律來具體規定此種權利行使的方式和範圍前，尚無法成為具有「請求權」的性質，故無法直接執此向司法機關請求救濟；但採具體權利說者則反是。就我國而言，因我國憲法並未有如德國基本法第 1 條 3

項之基本權利作為直接有效之法而拘束立法、行政與司法權力的規定，故如未經立法者制定保障知的權利的相關法律，在解釋上應屬抽象的權利而已；但立法者如遲遲不制定相關法律，似應承認立法怠惰的違憲性為宜。

(二)美國、日本及德國的政府資訊公開制度

由於目前政府資訊公開制度已在許多國家施行，底下便僅就經常作為我國法制仿效對象的美國、日本及德國三個國家的情況作一論述，以瞭解彼等如何實現民眾知的權利。

■美國的制度

原本，美國於一九四六年所制定的行政程序法第3 條就已設置了可要求公開行政資訊的條款，其中規定：行政程序中的正式記錄事項，除有正當理由外，應提供予適切且有直接利害關係之當事人。但是這個簡略性質的資訊公開規定，卻有著重大缺陷：第一，僅限於行政程序中有利害關係之人才有請求權；第二，對於拒絕公開的決定，未設有司法救濟的途徑。因此這個規定實際上並無法滿足與落實民眾知的權

利。

　　之後，由於美國社會「知的權利」運動興起，終於在經過二十年後的一九六六年制定通過了「資訊自由法」(Freedom of Information Act)，一改早期在行政程序法中對政府資訊公開不完備的情形。其中，較重要的改變有[104]：

1.資訊公開請求權人，由行政程序法所規定的以利害關係人為限，擴大到任何人（包括外國人）。

2.明確列舉資訊不公開的事由，使得是否公開有標準可循。

3.對於機關所為不公開之決定，得提起司法救濟。對於如何該當不公開之事由，由機關負舉證責任。

4.對於不遵從法院所為應公開之決定者，科以藐視法庭罪。

　　不過，美國的資訊自由法僅適用於「行政機關」，法院及議會則不包括在內[105]。原則上，資訊以公開為原則。但如該資訊之公開會侵害他人隱私權、營業秘密，或有妨害公權力或司法權行使等情況時，便例外

不予不開。因此美國對資訊不公開的例外事由，計有
下列九項：

1. 依據總統命令所設定的基準，對於國防及外交
   政策應予保密之事項已依該命令加以保密者。

2. 純屬機關內部之人事規則或慣例之事項。

3. 其他法律有特別免除公開的事項。但該其他法
   律必須是：(1)不公開的決定已無裁量的餘地；
   (2)對於不公開設置了特別基準，或規定了不公
   開的特別事項。

4. 營業秘密及從第三人所取得之商業上或金融上
   具有秘密性的資訊。

5. 相互間或行政機關內部的備忘錄或信函提供予
   行政機關以外之當事人者。

6. 有關人事或醫療檔案或其他類此之檔案，因公
   開會對個人隱私權造成不當侵害者。

7. 為執法目的所收集之記錄或資訊。但以有下列
   所定情形之一者為限：(1)得合理預測會妨礙執
   行程序者。(2)會剝奪個人受公平裁判之權利
   者。(3)得合理預測會對個人隱私權造成不當侵
   害者。(4)得合理預測提供秘密情報之來源者。

(5)得合理預測公開搜查或訴追的程序會造成
脫法的危機者。(6)得合理預測會對個人生命或
身體安全造成危險者。

8.負責管理及監督金融機構的行政機關，所保有
之對該些金融機構有關的檢查、運作及概況報
告。

9.有關油井之地圖等的地質學及地球物理學上的
資料。

　　值得一提的，在美國最常利用資訊自由法的乃是
企業界，主要可探詢競爭對手的資訊[106]。

■日本的制度

　　關於日本各界對政府資訊公開之制度予以重
視，基本上可以一九七六年之美國洛克希德公司為使
其飛機進口日本而行賄所爆發的醜聞案為發軔點。之
後，有關資訊公開法制的建立則是先從地方公共團體
開始，亦即最早是從一九八二年三月十九日由山形縣
金山町制定公文書公開條例開始，至一九八八年止，
經過了十六年的時間，全國都、道、府、縣各自治團
體皆已制定完成相關之法制，但直到一九九九年國會
才制定通過了適用於全國層次的「情報公開法」（略

稱。底下有關日語「情報」二字，不刻意譯為「資訊」），
並從二○○一年開始施行。

　　而在情報公開法制定前，日本各地方公共團體所
制定的情報公開條例，最常被用作要求地方行政首長
公開其交際應酬費、會議開銷費或出差費等，而扮演
著民眾對行政機關的監督功能，這與前述美國的情況
便稍有不同。

　　而在地方公共團體所制定的情報公開條例中，已
有不少直接宣示制定目的係基於保障國民「知的權利」
者。至於其他的地方公共團體，則是以地方自治的本
旨和住民參加的保障為基礎。

　　不過，在新制定的情報公開法，其第 1 條關於制
定目的雖未使用「知的權利」此一用語，但卻使用了
「國民主權」的用語，規定：「本法係依『國民主權』
之理念，根據請求行政文書開示權利之相關規定，謀
求行政機關所保有的情報更進一步的公開，並將政府
的各種活動向國民說明的同時，在國民正確的理解和
批判下，以促進民主的行政推行為目的。」而這個將
一般所謂「知的權利」的理解，直接轉變為「國民主
權」理念的規定，應是認為源自於政府之「說明責任」
觀點，即不待人民請求，政府即應主動積極地公開各

種資訊，此乃受國民之託處理國家事務的政府之基本
責任與義務[107]。而在該法制定前的政府版提案中，亦
以二個理由認為在法律中直接明定「知的權利」並不
妥當：一為何謂「知的權利」，人言人殊；一為最高法
院迄今無任何判決承認政府資訊公開請求權係屬「知
的權利」（在國會審議過程中，亦以學說上關於「知的
權利」的內容不確定為由，而未採納在野黨所提應將
其作為情報公開法制定的目的）[108]。但這樣的見解也
遭到不少的批評。

　　而日本新制定的情報公開法，公開的對象亦僅限
於行政機關，但請求權人則無任何限制。此外，資料
的公開須以書面提出請求為必要，且該法並未規定行
政機關對某些資訊負有主動公開的義務。

　　再者，該法第 5 條亦同樣規定了資訊不公開的例
外情形，計有六大項：

1.屬於個人之情報，而根據該當情報中之姓名、
　出生年月日及其他記載等，得識別為特定之個
　人者或雖無法識別為特定之個人，但因公開而
　有損害個人權利之虞者。但下列情報，不在此
　限：(1)依法令之規定或慣例應公開或預定被公

開之情報。(2)為保護人民之生命、健康、生活或財產，而有必要公開之情報。(3)該個人為公務員，且該當情報是屬於與其職務之遂行有關之情報時，該當情報中，有關該公務員之職務及該職務遂行內容之部分。

2. 關於法人及其他團體（國家及地方公共團體除外）之情報或個人經營事業之情報，有下列情形之一者。但為保護人民之生命、健康、生活或財產而有必要公開之情報，不在此限。(1)因公開而有損害法人或個人之權利、競爭上之地位或其他正當利益之虞者。(2)受到行政機關之要求，於不公開之條件下所任意提供之情報，而法人等或個人於一般情形亦不會將之公開，及附有其他該當之條件，而依照該當情報之性質、當時之狀況等認為合理者。

3. 因公開而有危害國家安全之虞，或有損害與他國或國際機關信賴關係之虞，或有遭受與他國或國際機關交涉時不利益之虞者。

4. 因公開而有妨礙犯罪之預防、鎮壓或搜查，或公訴之維持、刑罰之執行及其他公共安全與秩序維持之虞者。

5.屬於國家機關及地方公共團體之內部或相互間
　所審議、檢討或協議之情報，因公開而有損害
　率直之意見交換或意思決定之中立性之虞，或
　有不當地使國民之間產生混亂之虞，或有不當
　地給予特定之人利益或不利益之虞者。

6.屬於國家機關或地方公共團體所執行之事務或
　事業之情報，因公開而有下列情形之虞者，或
　於其他該當事務或事業之性質上，有妨礙該當
　事務或事業適當遂行之虞者。(1)關於監察、檢
　查、取締或考試之事務，對於正確事實之把握
　有困難之虞，或易造成違法或不當之行為，或
　對於其發現有困難之虞者。(2)關於契約、交涉
　或爭訟之事務，有不當損害國家或地方公共團
　體財產上之利益或作為當事者地位之虞者。(3)
　關於調查研究之事務，有不當阻礙其公正且效
　率之遂行之虞者。(4)關於人事管理之事務，有
　阻礙公正且圓滑之人事確保之虞者。(5)關於國
　家或公共團體經營之事業，有損害其企業經營
　上正當利益之虞者。

此外，日本之情報公開法並未如美國資訊自由法

有行政機關不遵守法院公開命令而可科以藐視法庭罪
的規定,其唯一一個處罰條款,乃是第 44 規定屬於受
理訴願層級之情報審查委員會之委員,如洩漏職務上
所知悉之秘密者,處一年以下有期徒刑或三十萬元以
下之罰金。

■德國的制度

　　德國對基本人權的保障及法治國家的建立,比起
其他歐陸國家實居於領導之地位。而德國基本法第 5
條第 1 項第 1 句亦規定:任何人得不受阻礙地自一般
可達之來源接受知識。但在政府資訊公開方面,目前
卻未制定有類似之專法,而是藉由出版業者來間接滿
足人民知的權利。亦即,德國各邦在其出版法中皆規
定出版業者有向國家請求提供資訊的權利。故出版業
者負有搜集、報導、發表意見、批判及以其他方法來
參與輿論形成的「公共任務」[109]。而這樣的一個觀念
背景之一,大致上是認為人民透過傳播媒體即可充分
獲得所需的資訊,何況即使賦予資訊請求權,也可能
因資訊使用能力的不足及個人時間的限制而淪為乏人
問津之「空轉」權利[110]。

　　對於德國未積極重視給予一般人民請求政府公

開資訊的權利，吾人認為此乃因每個國家有其本身的歷史與法制發展背景所致。就美國而言，知的權利運動之興起，實肇因於國家常以事涉機密為由限制傳播媒體的接近權利；而就日本而言，由於龐大官僚科層制度長期所導致的貪污腐化，使民眾瞭解到藉由資訊公開制度可發揮行政監督之效能。所以德國或許在沒有類似情況的環境影響下，故未考慮到有亟需建立相關法制的必要。

(三)我國的資訊公開制度

我國迄今為止，尚未制定有政府資訊公開的專法，但此問題已在國內成為共識，而學者專家及政府亦草擬完成相關之法案，只待將來立法院審議通過即可付諸施行。雖然目前我國尚無專法，但於民國八十八年二月三日公布的行政程序法中，設有第七節「資訊公開」之四個條文，可暫時作為政府資訊公開的規定。因此，我國採取與美國一樣的途徑，皆於行政程序法中設置有資訊公開的原則性規定，而認為「資訊公開」是屬於「行政程序」的一部分，至於更詳盡的規定則有待專法另訂之。

■行政程序法的規定

　　本法第 44 條 1 項規定資訊之公開只限於「行政機關」，與美國及日本相同。此外，又於第 44 條及第 45 條分別規定「政府應主動公開的資訊」及「依人民申請才公開的資訊」兩種。前者，只要不涉及國家機密，政府均應主動公開，包括：(1)法規命令；(2)行政指導有關文書；(3)許（認）可條件之有關規定；(4)施政計畫、業務統計及研究報告；(5)預算、決算書；(6)公共工程及採購契約、對外關係文書；(7)接受及支付補助金；(8)合議制機關之會議記錄。而後者，原則上只限於「主張或維護其法律上利益有必要者」之當事人或利害關係人為限，範圍似乎比美國及日本的請求權人為「任何人」來得狹隘。此外如有以下的情形外，不得拒絕公開：(1)行政決定前之擬稿或其他準備作業文件；(2)涉及國防、軍事、外交及一般公務機務，依法規規定有保密之必要者；(3)涉及個人隱私、職業秘密、營業秘密，依法規規定有保密之必要者；(4)有侵害第三人權利之虞者；(5)由嚴重妨礙有關社會治安、公共安全或其他公共利益之職務正常進行之虞者。

■學者版與政府版所提出之相關法案

行政程序法第44條3項規定：「有關行政機關資訊公開及其限制之法律，應於本法公布二年內完成立法。於完成前，行政院應會同有關機關訂定辦法實施之。」而在民國八十八年行政程序法公布前，學者版的政府資訊公開法草案早已於民國八十五年在由行政院研考會所出版之「政府資訊公開制度之研究」報告中提出。而在政府方面，目前則是由法務部依上開行政程序法第44條第3項之規定，擬定了行政資訊公開辦法，並報經行政院核定，於九十年二月發布施行，以適用於目前政府資訊公開法尚未制定的過渡期間。

比較而言，大致上可發現兩者有以下的差異：

1. 公開機關的不同：學者版的草案規定為「政府機關」，包括總統府、國民大會、五院、各地方自治團體及其所屬各機關。而政府版之行政資訊公開辦法，因限於行政程序法之規定，故公開對象只限於「行政機關」（該辦法第2條第2項將受託行使公權力之個人或團體，於委託範圍內亦視為行政機關）。在此，產生了一個問題，亦即將來資訊公開法立法時，可否不限於

行政程序法所規定的行政機關而及於所有政府機關。吾人認為應採後說為當，蓋行政程序法對於後來所制定的法律並不可能會具有像「憲法優於法律」的位階性，故依立法裁量及一般後法優於前法的法理，亦應能得到同樣的結論。

2.請求權人的不同：學者版草案規定為「任何人」，故解釋上包括外國人，且無其他條件之限制。而行政資訊公開辦法第9條3項的規定，則採互惠原則，即如為外國人申請時，須該外國亦有准許外國人可請求者為限。

(四)小結

經由以上的探討，可看出政府資訊公開制度對落實民眾知的權利與國民主權理念的重要性。再者，民眾在請求資訊公開時，應注意請求之客體須限於記載著資訊的「有體物」為限，而不得對「資訊本身」請求公開。故縱使為政府所掌握、瞭解的資訊，但該等資訊並未以文字、符號或其他表現方式記錄在文書或相關載體上，則無法請求公開。

另外，對於這樣制度的建立，吾人認為亦有兩點值得立法或制度運作時注意之處：

　第一，資訊公開雖屬於行政程序之一部分，但有關行政事務並不局限於行政機關而已，以立法機關或司法機關而言，扣除本身核心的立法與司法審判事務外，仍存有行政事務在內。故資訊公開制度應及於所有政府機關方符合制定本法的意旨。再者，以日本為例，由於新通過的情報公開法亦只適用於行政機關，故學者已開始將研究重心轉移到國會之上，蓋國會所擁有的資訊實亦不下於行政機關，故從法案審議或國政調查有關的資訊到議員個人的資訊（政治資金、議員活動費等），甚至其他所擁有之各種資訊，都成為未來所要檢討的對象[111]。

　第二，公開與否的決定權，在實際運作上有可能會從行政機關轉移到司法機關之上。由於許多資訊都可能涉及到第三人的權益，如行政機關將不應公開之事項予以公開而造成第三人權益受損時，屆時恐須負擔國家賠償責任及行政責任，故行政機關為避免困擾，有可能盡量為不公開之決定，使不服決定之申請人藉由訴訟途徑來解決，即由司法機關作最後的決定，以解除行政機關本身所可能擔負的潛在責任與風險。果如此，則設立此制度的美意將大打折扣，因為一方面會增加司法機關的負擔，一方面人民也可能因

訴訟程序的曠日廢時而喪失獲得有用資訊的時效！

八、國民主權與外國人參政權的展開

　　隨著國際化時代的到來，由於工商企業的熱絡、人員國際間的流動、城市彼此間姊妹市的締結，在在都使得世界各國相互依存的關係更加地深化，而在這樣的影響下，國際社會追求人類全體普遍理念的實踐也成為了重要的課題。其中，把外國人看作是「共同市民」之外國人參政權的展開，更可謂是在這一波強調國際人權保障潮流下的一個產物。尤其，歐盟各加盟國於一九九二年間所簽訂之馬斯垂克條約，更加地把這個問題推展到了最高峰。但是，如大家所周知的，參政權基本上是作為「國民主權」之一環，而國民主權在傳統上又是以具有國籍之本國國民行使為要件，因此不可避免地，外國人參政權的展開必對「國民主權」原理產生相當大的衝擊和挑戰，所以面對這個課題的檢討，可說是已顯得刻不容緩。底下，便藉由德國、法國及日本實務上之見解為基軸，來討論此一新興的話題。

(一)德國的制度與情況

　　一九八九年二月間，德國之漢堡邦（Hamburg）
與石勒蘇益格‧荷爾斯泰因邦（Schleswig-Holstein）
導入了地方自治體層級的外國人選舉權制度，但是這
兩個邦對外國人選舉權的規制卻不盡相同。在漢堡
邦，規定一切之外國人只需居住於德國八年以上便得
享有選舉權；但是在石勒蘇益格‧荷爾斯泰因邦卻規
定，基於相互主義，僅具有丹麥、愛爾蘭、荷蘭、挪
威、瑞典、瑞士之國籍且留滯於基本法適用領域五年
以上之人，才能被賦予選舉權[112]。

　　而面對這兩個邦賦予外國人選舉權之相關自治
體法規，聯邦議會議員及巴伐利亞邦政府（Bayern）
便以違反基本法為由而向聯邦憲法法院請求審查，而
聯邦憲法法院亦於一九九〇年十月三十日作出了違憲
判決：外國人地方選舉權的導入，「違反了基本法第
28 條 1 項 2 句。而在此所用之國民概念，和基本法第
20 條 2 項之國民概念具有相同之內容。亦即，在基本
法第 20 條 2 項所謂之國民，指的是德國人民。因而，
在邦、縣、市、鄉、鎮所謂之國民，亦指的是住於該
地的德國人民，故對於外國人不能賦予地方自治體選

舉權」[112]。至於這樣一個違憲判決之理由，則分成幾
點摘錄如下[114]：

1. 基本法第 20 條 2 項，並非規定的只是國民主權
   原理，也規定了行使國家權力之國民究竟指的
   是誰。而那便是德意志聯邦共和國的國民。如
   果根據基本法的規定，則此所謂之國民與基本
   法第 116 條 1 項定義之國籍所有者是一樣的，
   此從其他規定亦明（前文、第 33 條 1.2 項、第
   56 條、第 64 條 2 項、第 146 條）。

2. 基本法把具有德國國民之資格，作為國民行使
   國家權力的起點。的確，基本法也把國籍之取
   得及消滅之要件，在基本法第 73 條 2 款及 116
   條中，規定為立法者的權限。但是，立法者解
   消作為德國人之資格和作為國家權力行使者之
   國民所為的結合關係，根據基本法是不被允許
   的。因此基於德國住民結構的變化，於基本法
   下唯一能做的，就是根據國籍法規定的處遇，
   例如使居住於德國之外國人更容易取得國籍
   等。

3. 基本法第 28 條 1 項 2 句之規定，不僅把國民主

權、民主制、民主的選舉程序作為憲法的基本
決定而適用於聯邦、邦的層次，也適用於地方
自治體層次。如基本法第 28 條所表示的，地方
自治體是在國家組織的範圍內所構成而被國家
機構所統合。而且地方自治體於自治行政領域
活動的場合，也與遂行機關委任事務的場合相
同，行使著高權的權力，亦即是國家權力。另
外，基本法第 28 條 1 項 2 句，並非是把地方自
治體的構成員根據特別的基準而為規定，而是
根據所謂國民一般的基準而為規定。再者，同
文亦並非把構成員之參加要素，期望於自治行
政中予以追加地強化，而是把民主的正當性基
礎，期望於國家機構中統一的確保。

4. 基本法第 28 條 1 項 1 句[115]，並非意圖邦的劃
一化和同一化，故於邦憲法之制定給予了裁量
的餘地。但是該餘地，僅限於第 28 條 1 項 2
句之界限內。因為 1 句是根據 2 句而被補充，
而 2 句關於其規律對象，則規定了最低限度之
同質性確保要求。因而，導入地方自治體外國
人選舉權之邦的法律，違反了基本法第 28 條 1
項 2 句之規定而屬違憲。不過，這個現在於 EC

　　內被檢討之外國人地方自治體選舉權的導入，
並非是根據基本法第 79 條 3 項規定[116]而被排
除於憲法修正的對象外。

　　從以上之判決理由明顯可以看出，聯邦憲法法院
「並未判示外國人選舉權違反了民主制原理，而是認
為在現行基本法的規定下無法導入。所以聯邦憲法法
院明示的承認基本法修正的可能性」[117]。因此，在聯
邦憲法法院的判決下，「國民主權」之「國民」概念和
範圍基本上指的還是具有國籍之國民，只是可藉由基
本法之修正來包含外國籍之住民。是故於一九九二年
十二月間德國議決通過了馬斯垂克條約不久，於同月
二十一日聯邦議會得到聯邦參議院之同意下，議決通
過了新一波的基本法修正案，其中基本法第 28 條 1
項便加入了以下的文句：「於邦、縣、市、鄉、鎮選舉
之際，具有歐洲聯合市民之身分者，依歐洲共同體之
法律基準，有選舉權及被選舉權。」[118]

(二)法國的制度與情況

　　在法國，關於地方自治體選舉和國民主權的關
係，該國之憲法委員會曾於一九八二年和一九九二年

作出了兩個對立之判決，而重要的是，乃係這些見解
與此處所要探討之外國人地方自治體的參政權問題，
在法理上具有著利害的關係。因此首先便有必要對法
國憲法委員會於一九八二年十一月十八日之判決作一
論述。亦即，於一九八二年十月間，當時之參議院曾
議決通過了一包含配額制在內（即縣市鄉鎮議員之選
舉人名冊，同一性別之候選人不得超過 75％）之有關
地方議員選舉方式的選舉法修正案，但國民議會議員
以修正後的選舉方法侵害選舉權結果之平等為由而請
求違憲審查。嗣後憲法委員會認為規定配額制之該條
項違反了憲法第 3 條及一七八九年人權宣言第 6 條的
規定[119]，而屬違憲。其中，提及了「一切之市民於同
一要件下享有選舉權和被選舉權。這個憲法原則，和
根據選舉人與被選舉有關之性別所為之區分是對立
的。而這件事情是一切政治性選舉的原則，特別是在
縣、市、鄉、鎮議員的選舉」[120]。而在此值得注意者，
乃是憲法委員會認為地方自治體的選舉是屬於「政治
性選舉」，亦即是以所謂之市民資格所參加的選舉，因
此，憲法委員會是把地方自治體選舉作為和國政選舉
一樣，認為兩者都是基於「國民主權」原理所為的選
舉。

　　不過，憲法委員會於一九九二年四月九日對馬斯垂克條約所為審查之判決中，宣告了馬斯垂克條約有三大部分是違憲的，而其中一部分就是歐洲共同體市民享有地方自治體選舉權和被選舉權的規定。其中值得注意的，則是憲法委員會在對於地方自治體選舉之性格上，表示了和一九八二年相異的見解，亦即：參議院因為是擔當地方公共團體之代表，所以必須從能夠表明地方公共團體意志之選舉人團體產生出來，而根據這個理由，縣、市、鄉、鎮議員之選舉對於參議員選舉是具有「影響力」的，而參議院在作為「國會」之資格下，能參與國民主權之行使[121]。

　　於是在一九九二年的判決下，憲法委員會把《地方議會→參議院→國民主權之行使》三者之關係串連在一起，使得地方議員僅在「競選參議院議員的限度內」才會和國民主權的行使發生關聯，因此從反面解釋，地方議員大部分之活動是與國民主權沒有關係的，所以就此點而言，乃是與一九八二年判決最大不同之處。於是，在憲法委員會所為推論之論理下，只要切斷地方議員和參議員間之臍帶關係（國民主權關係），歐洲市民之地方自治體選舉權和被選舉權就能導入了。

　　果然，在面對馬斯垂克條約的違憲判決下，法國政府嗣後於一九九二年六月間所為之憲法修正，於關於歐洲市民地方自治體參政權的問題上，特別增設了第 88 條之 3 的規定：「於相互主義保留下，……縣、市、鄉、鎮選舉之選舉權及被選舉權得賦予居住於法國之歐洲聯合市民。但歐洲聯合市民，不得行使市長及助手之權限，也不得參加參議院議員之選舉人指定或參議院議員之選舉……」[122]。

　　所以很明顯的，關於外國人（歐洲聯合市民）地方參政權的導入，法國的場合與德國的場合存在著理論上的不同：就德國而言，聯邦憲法法院認為地方自治體之活動亦是屬於「國民主權」的行使範疇，只是基於民主制的原理，對於外國人地方參政權的導入可以透過修憲方式作「例外地」制度性保障。但是，就法國而言，雖然與德國一樣採取了傳統具有國籍者才能行使國民主權的觀念，不過在導入外國人地方參政權的見解上，卻與眾不同地把地方自治團體之活動切離於國民主權之外。

(三)日本的制度與情況

　　位處亞洲的日本，由於該國境內亦有著許多滯留

的外國人（其中很多是韓國人），因此關於外國人參政
權的問題，在近年受到歐洲的影響下也得到了相當廣
泛的討論和重視。而日本於平成七年（一九九五）二
月二十八日時，出現了第一個有關此問題之最高法院
判決，雖然原告之訴被駁回，但最高法院卻表明了對
於外國人地方選舉權之導入予以容許的態度，而造成
了相當大的震撼和迴響。底下，亦將該判決之要旨分
成幾點摘錄如下[123]：

1.根據憲法第三章所規定之基本人權的保障，在
　權利的性質上，除了把日本國民作為其對象
　外，對於留在我國之外國人亦平等地適用。在
　此，如果就憲法第 15 條 1 項所規定之選定罷免
　公務員權利之保障是否應該及於留在我國之外
　國人來考慮時，則憲法的這個規定，基於國民
　主權原理，不外是表明公務員之最終地任免權
　係存於國民之手，且參照憲法前文及第 1 條之
　主權存在於「日本國民」的規定，則在憲法中
　之國民主權原理所指的國民，很明顯的乃是意
　味著日本國民，亦即是具有我國國籍之人。

2.規定地方自治之憲法第八章，在第 93 條 2 項

中，規定了「地方公共團體之首長、議會議員、及法律所定之其他官員，由該地方公共團體住民直接選舉之」。但是，鑑於國民主權原理及亦基於此之憲法第 15 條 1 項規定的趣旨，與地方公共團體之構成我國統治機構不可欠缺的要素合併考慮時，則憲法第 93 條 2 項所謂之「住民」，將之解為於地方公共團體區域內具有住所之日本國民亦是適當的。故對於外國人，並不保障其具有地方公共團體首長或議會議員等選舉的權利。

3. 憲法第 93 條 2 項雖然不保障對於留在我國之外國人有地方公共團體選舉的權利，但是關於憲法第八章地方自治的規定，鑑於在民主主義社會中地方自治的重要性，從把公共性事務基於地方住民之意思而為處理之政治型態，作為憲法上制度保障的趣旨觀之，留在我國的外國人實與其居住區域之地方公共團體具有特別的緊密關係，所以應該將其等意思反映至與日常生活有密切關聯之地方公共團體的公共事務處理上。不過，採取賦予其地方公共團體首長、議會議員等選舉權的措施，乃專屬國家「立法政

策」之事，故不採取這些措施亦不會產生違憲
的問題。

　　從這個判決中，可以瞭解日本最高法院是基於憲
法保障地方自治之本旨——特別是「住民自治」——
而容許可以特別立法方式導入外國人地方性選舉權。
此外，應該注意者，乃是最高法院的這個判決是從「地
方自治」之要求而導出外國人的選舉權，故於解釋上，
外國人之參政權便僅限於地方公共團體的層次，而國
政層次之參政權就明確地被予以排除了[124]！

(四)小結

　　關於外國人參政權的問題，經由外國近年司法實
務的檢討，約略地可以看到其發展的概況和輪廓，而
其中，傳統「國民主權」原理仍然是各國司法實務堅
守的立場，只是在不牴觸國民主權行使的前提下，基
於人權保障的觀點，對於外國人參政權作最低限度的
開放，所以嚴格地說，外國人地方參政權之例外地保
障措施，似乎尚未突破傳統所強調之「國民」（具有國
籍之人民）的概念和範圍。惟除了實務見解之外，學
說的見解亦頗值注目，如學者浦部法穗提及，所謂「國

民主權」原理，原本乃是作為對抗支持絕對王政權力
之「君主主權」而用，因此「在那所謂之『國民』，乃
是君主及封建特權階級以外之人的總稱。因而，那也
不一定是在所謂有別於『外國人』之國籍擁有者意味
下的『國民』」[125]，再者，「『國民主權』原理和『國
籍』之觀念，雖有不可分的關係，但是『國籍』並非
規定了『國民主權』的內容，毋寧應該看作是『國民
主權』規定了『國籍』的內容」[126]，所以「參政權，
也和其他的人權相同，重要的不是『國籍』而是『生
活實態』」[127]。的確，若從這個觀點來思考，國籍作
為國民主權之必要條件，似乎也有爭論的空間。

　　惟不論如何，外國人地方參政權的展開，實可謂
是源於「基本人權之屬地法的理解」[128]，而且這樣的
人權是沒有人種、性別等之差別的。所以很明顯的，
在國際化時代之今日，人權理念普遍化原則已超越了
國家固有的界限，而逐漸地深植於世界每一個角落。

註 釋

[1]辻村みよ子,〈ブルジョア革命と憲法〉,收錄於杉原泰雄編,《講座・憲法學の基礎5・市民憲法史》,勁草書房,1988,頁2。

[2]阿部照哉、池田政章編,《憲法(1)總論》,有斐閣,1988,頁12。

[3]關於人權宣言條文的內容,可參見陳新民,《中華民國憲法釋論》,自版,1995,頁126-127。

[4]辻村みよ子,《フランス革命の憲法原理》,日本評論社,1990,頁401。

[5]就法國革命前夜的法思想而言,一般上已存在著:(1)貴族主義的思想類型;(2)開明專制主義的思想類型;(3)民族主義的思想類型之三種分類。而(1)是代表著如孟德斯鳩般貴族的法思想;(2)是表明敵對貴族特權之上層資產階級的立場;(3)是代表著如盧騷所提倡之直接民主主義理想和平等的法思想。參見辻村みよ子,〈ブルジョア革命と憲法〉,收錄於杉原泰雄編,《講座・憲法學の基礎5・市民憲法史》,勁草書房,1988,頁27。所以就法國大革命前後之社會經濟關係而言,民眾不同階級的對立(階級鬥爭)早就已經存在且發生是不可避免的了,因此日後才會有「國民主權」與「人民主權」的對抗問題產生。

[6]矢口俊昭,〈國民主權〉,收錄於杉原泰雄編,《講座・憲法學の基礎1・憲法學の基礎概念I》,勁草書房,1989,頁

87。

[7]矢口俊昭，同註[6]，頁 87-88。

[8]矢口俊昭，同註[6]，頁 88。

[9]杉原泰雄，〈國民主權の史的展開‧1〉，《法律時報》，54 卷
1 號，1982，頁 131。

[10]杉原泰雄，同註[9]，頁 132。

[11]杉原泰雄，同註[9]，頁 134。

[12]杉原泰雄，同註[9]，頁 137。

[13]杉原泰雄，同註[9]，頁 137。

[14]杉原泰雄，同註[9]，頁 137。

[15]杉原泰雄，〈國民主權の史的展開‧2〉，《法律時報》，54
卷 1 號，1982，88 頁。

[16]所謂的「名目憲法」（Nominal Constitution），乃是指具有憲
法之名，但對於國家權力的行使未設限制，因而其雖有妥
當性，但憲法規範卻與權力限制、人權保障之立憲主義目
的不相當之謂也；參見蘆部信喜，〈憲法規範の特質〉，《法
學教室》，第 40 號，1984，頁 8。而國內學者陳新民，則對
此種於實質上不具規範力而屬門面的憲法，於用語上稱為
「字義性憲法」，請參見陳氏著，《中華民國憲法釋論》，自
版，1995，頁 22 以下之說明。

[17]Lévy, dans Bulletin mensuel de la société de législation
comparée, 1902, p.221,249 et s.轉引自杉原泰雄，〈國民主權
の史的展開‧4〉，《法律時報》，54 卷 4 號，1982，頁 67。

[18]辻村みよ子，同註[4]，頁 390。

[19]辻村みよ子，同註[1]，頁 47。此外，國內學者許志雄認為

　　法國一七九三年憲法係屬議會權力集中型的體制，議會雖
可由主權者之選民解散，但政府卻無解散權，故其可為民
主政治之組織工具，亦可變成專制政治之組織工具，尤其
在二十世紀竟以民主集中制之姿態，出現在共產國家，成
為共產主義勢力圈內之標準統治型態，而給與了極低的評
價，參見許志雄，《憲法之基礎理論》，稻禾出版社，1993，
頁 152-153。確實地，許氏所為之批判非無的論，但是一七
九三年憲法由於強烈地傾向「人民主權」原理的採用，故
於架構議會之體制時，僅賦予國民代表法案作成權，而議
決權則由人民以公民投票實行之，因此一七九三年憲法的
議會體制規定與共產國家橡皮圖章式之議會制度顯有不
同，所以忽略此點而強加「議會權力集中制＝非三權分立
之民主政治」之外觀於一七九三年憲法上，似亦不無斟酌
之餘地。

[20]羅志淵，《法國政府及政治》，正中書局，1991，頁 50。

[21]岡田信弘，〈憲法と政黨〉，收錄於杉原泰雄編，《講座·憲
　　法學の基礎 1 ·憲法學の基礎概念 I》，勁草書房，1989，
　　頁 134-135。

[22]岡田信弘，同註[21]，頁 132。

[23]杉原泰雄，〈國民主權の史的展開·8〉，《法律時報》，54
　　卷 8 號，1982，頁 108。

[24]杉原泰雄，同註[23]，頁 109。

[25]杉原泰雄，同註[23]，頁 109。

[26]杉原泰雄，〈國民主權の史的展開·12〉，《法律時報》，55
　　卷 1 號，1983，頁 144。

[27]杉原泰雄，同註[26]，頁 144。

[28]杉原泰雄，同註[26]，頁 144。

[29]須說明的是，由於「國民主權」與「人民主權」之論爭在法國係屬一般普遍之見解，故關於法國第五共和憲法第 3 條所提及之"nation"一詞，不宜譯為「國家」，而應作為「民族」、「國民」來解釋，所以國內有關法國憲法之中譯本大致上皆將該憲法第 3 條規定譯為「國家主權屬於人民」，恐有誤會。而國內學者朱諶亦已提及此點，可參照《中華民國憲法與孫中山思想》，五南圖書出版公司，1993，頁 92。

[30]杉原泰雄，〈國民主權の史的展開・14〉，《法律時報》，55 卷 3 號，1983，頁 87。

[31]光信一宏，〈フランスにおける最近の主權論〉，《法律時報》，60 卷 9 號，1988，頁 69。

[32]光信一宏，同註[31]，頁 70。

[33]光信一宏，同註[31]，頁 70。

[34]R. Carré de Malberg, Contribution à la Theorie générale de I'État, t.2, 1922, p.165.轉引自小澤隆一，〈カレ・ド・マルベルの「國民主權」論の方法的基礎に關する覺書〉，《一橋論叢》，101 卷 1 號，1989，頁 65。

[35]小澤隆一，同註[34]，頁 68。

[36]小澤隆一，同註[34]，頁 71。

[37]辻村みよ子，〈フランスにおける選舉權論の展開・2〉，《法律時報》，52 卷 5 號，1980，頁 104。

[38]辻村みよ子，〈フランス革命 200 年と憲法學〉，《ジュリス

ト〉，884 號，1987，頁 103。

[39]宮澤俊義，《憲法》，有斐閣，1978，頁 7。

[40]宮澤俊義，同註[39]，頁 84。

[41]大隈義和，〈國民主權と憲法制定權力〉，《法學教室》，119
　　號，1990，頁 59。

[42]橋本公亘，《日本國憲法》，有斐閣，1980，頁 90。

[43]橋本公亘，同註[42]，頁 91。

[44]有倉遼吉、時岡弘編，《條解日本國憲法》，三省堂，1989，
　　頁 7。

[45]美濃部達吉，《日本國憲法原論》，有斐閣，1948，頁 40。

[46]美濃部達吉，同註[45]，頁 120-121。

[47]美濃部達吉，同註[45]，頁 116。

[48]清宮四郎，《憲法事典》，青林書院，1969，頁 6。

[49]清宮四郎，《憲法Ⅰ》，有斐閣，1979，頁 130。

[50]樋口陽一，〈「國民主權」と「直接民主主義」〉，《公法研究》，
　　33 號，1971，頁 17。

[51]樋口陽一，同註[50]，頁 19。

[52]樋口陽一，《現代民主主義の憲法思想》，創文社，1977，
　　頁 34-35、37。

[53]樋口陽一，同註[50]，頁 26。

[54]樋口陽一，〈長谷川正安「國家の自衛權と國民の自衛權」〉
　　（書評），《法律時報》，43 卷 6 號，1971，頁 123。

[55]樋口陽一，同註[50]，頁 28。

[56]樋口陽一，〈「魔力からの解放」と「解放のための魔力」〉，
　　《法律時報》，59 卷 5 號，1987，頁 111。另見樋口陽一，

《近代憲法學にとつての論理と價值》，日本評論社，1994，頁95-96、99。

[57]蘆部信喜著、李鴻禧譯，《憲法》，月旦出版社，1995，頁64-65。

[58]蘆部信喜著、李鴻禧譯，同註[57]，頁65。

[59]蘆部信喜著、李鴻禧譯，同註[57]，頁65。

[60]蘆部信喜著、李鴻禧譯，同註[57]，頁258-259。

[61]學者石埼學基於社會關係之歷史考量，將國民代表制分成三個種類：(1)以同質社會為前提，承認人民統一意思之實際存在，而由代表者忠實地表明、實行的代表觀。這是屬於在盧騷＝賈克賓型國家狀態下之多數派民主的代表觀。(2)以非同質性社會為前提，承認人民多樣意思的實際存在，而由代表者忠實地描寫、實現的代表觀。這是屬於半代表制下的代表觀。(3)以非同質性社會為前提，根據代表者之討論來創出「人民」的意思，而由代表者代表「人民」的代表觀。這是現代社會學的代表觀。參見石埼學，〈現代代表民主制の生理「の」病理についての一考察（二）〉，《立命館法學》，241號，1995，頁143-144。

[62]光信一宏，〈現代フランス憲法學における代表制論の一動向（三）〉，《愛媛法學會雜誌》，17卷2號，1990，頁82。

[63]左藤幸治，《憲法》，青林書院，1994，頁94。

[64]左藤幸治，同註[63]，頁96。

[65]左藤幸治，同註[63]，頁96。

[66]左藤幸治，同註[63]，頁126。

[67]左藤幸治，同註[63]，頁126。

[68]左藤幸治，同註[63]，頁127。

[69]〈フランス革命の構造と憲法思想（杉原泰雄 vs. 遲塚忠躬の對談）〉，《法律時報》，61卷8號，1989，頁11。

[70]杉原泰雄，〈「憲法學の基礎概念」再考〉，《法學教室》，49號，1984，頁11。

[71]影山日出彌，〈今日における主權論爭と主權論の再構成〉，《法律時報》，48卷4號，1976，頁32-33。

[72]值得注意者，乃是學者栗城壽夫對「國民」之意涵另有一番的理解。他認為，所謂「在本質上區別作為國籍所有者總體之國民與作為選舉權總體之國民的意義，乃是為說明根據前者而後者被拘束，亦即國家權力之行使者被國民全體利益的理念所拘束。但是這個拘束，必須是在行使國家權力的國民意思中，包含著有作為規範要素之為了全體國民利益的志向為根據」。但是，「在所謂國家運作必須基於國民意思之場合的這個國民意思，因為最終是根據多數決所成立的，所以它具有統一的性質，且它是以多元意見和意思為出發、為基礎的。不過，構成國民或國家成立之國民基本合意，也可以稱為國民意思，但其卻是以具有統一性或共通性之國民意思為基礎。前者可稱為具體的國民意思，後者可稱為基本的國民意思。由於基本的國民意思是以統一的性質為基礎，……所以維持國家運作之具體的國民意思便成為是必要的。……而因為具體的國民意思具有多元化之基礎，所以不必服從基本國民意思之內容上規制」。參見栗城壽夫，〈ドイツにおける「國民」の理解のしかたについて〉，收錄於（蘆部信喜先生古稀祝賀）《現

代立憲主義の展開（下）》，有斐閣，1993，頁 678、685。

[73]杉原泰雄，〈國民主權の史的展開・15〉，《法律時報》，55
卷 4 號，1983，頁 135。

[74]高見勝利，〈國會議員と選舉民〉，《法學教室》，159 號，
1993，頁 49。另見高見勝利〈代表〉，收錄於樋口陽一編，
《講座・憲法學 5・權力分立 I》，日本評論社，1994，頁
73。

[75]高見勝利，〈國民主權と國民代表〉，《ジュリスト》，638
號，1977，頁 91。此外，學者浦田一郎亦認為在現實政治
中，命令的委任能夠轉化為（選舉）公約來理解，參見浦
田一郎，〈利益政治・政權交替と國民代表〉，《法律時報》，
64 卷 2 號，1992，頁 29。

[76]高見勝利，同註[75]，頁 91。

[77]不過學者長谷部恭男，對於有關「人民主權」（peuple）之
直接民主政到來的預測，提出了嚴屬的批判。他認為所謂
直接民主政的到來，乃是根據「歷史法則主義」和「階級
利害決定論」這兩個原則所成立的，但是就「歷史法則主
義」言，因為此命題無法被驗證，故其本身並不是科學法
則，而是屬於占星術之類的預言；因此人民主權是否確實
會到來，不應該從是否要努力於人民主權之確立來予以回
答。再者，就「階級利害決定論」言，從被認為也是依據
人民主權論之馬克思理論中就能看到其乖離事實的情形，
因為馬克思認為人類從階級利害解放後便得到了自由，亦
即根據經濟的要因不受拘束而能思考；但實際上卻並非如
此。有關詳細的説明，請參見長谷部恭男，〈主權：魔術か

らの解放？〉一文（《ジュリスト》，884 號，1987，頁 46-47），
收錄於長谷部恭男，《權力への懷疑》，日本評論社，1993，
頁 93-95。

[78]有關國民主權與國家主權應該統一把握之相關説明，可參
見鮎京正訓，〈主權概念の檢討──國家主權と國民主權の
統一的把握について──〉一文，《法政論集》，90 號，1982。

[79]渡邊良二，〈國家〉，收錄於杉原泰雄編，《講座・憲法學の
基礎 1・憲法學の基礎概念 I》，勁草書房，1989，頁 17。

[80]樋口陽一，《近代國民國家の憲法構造》，東京大學出版會，
1994，頁 59。

[81]乘本せつ子，〈直接民主制〉，收錄於杉原泰雄編，《講座・
憲法學の基礎 1・憲法學の基礎概念 I》，勁草書房，1989，
頁 144。

[82]蘆部信喜著、李鴻禧譯，同註[57]，頁 310。

[83]深瀨忠一，〈最高裁判所裁判官國民審查制の意義〉，收錄
於《續判例百選（第二版）》，有斐閣，1965，頁 13。轉引
自中村睦男，〈代表民主制と直接民主制〉，《法學教室》，
96 號，1988，頁 29。

[84]乘本せつ子，同註[81]，頁 149 以下。

[85]井口秀作，〈フランス第五共和制憲法におけるレフェレン
ダム〉，收錄於杉原泰雄、清水睦編，《憲法の歷史と比較》，
日本評論社，1998，頁 370。

[86]井口秀作，同註[85]，頁 378。

[87]乘本せつ子，同註[81]，頁 147。

[88]辻村みよ子，〈レフェレンダムと議會の役割〉，《ジュリス

ト》，1022 號，1993，頁 125。

[89]有關「歐洲地方自治憲章」及「IULA 世界地方自治宣言」
之條文日文翻譯，可參見廣田全男、糠塚康江，〈ヨーロッ
パ「地方自治憲章」「世界地方自治宣言」の意義〉，《法律
時報》，66 卷 12 號，1994，頁 47-51。

[90]芝池義一，〈團體自治と住民自治〉，《法學教室》，165 號，
1994，頁 16。

[91]芝池義一，同註[90]，頁 16。

[92]許志雄，《憲法之基礎理論》，稻禾出版社，1993，頁 290。

[93]鴨野幸雄，〈地方自治權〉，收錄於杉原泰雄編，《講座‧憲
法學の基礎 1‧憲法學の基礎概念 I》，勁草書房，1989，
頁 262。

[94]Carl Schmitt 著，尾吹善人譯，《憲法理論》，創文社，1990，
頁 212。

[95]Carl Schmitt 著，尾吹善人譯，同註[94]，頁 213。

[96]杉原泰雄，〈地方自治の本旨〉，《法學教室》，165 號，1994，
頁 13。一般上，地方自治體的活動通常係以不違反法律的
限度為原則。但是這樣的一個原則，在因社會高度發展所
產生之交通、公害、環境、土地利用、甚至是教育文化等
問題上，出現了要求反省的聲浪。例如在地方性法規的制
定上，國家法令對於特定事項設置了一定基準而為規制的
場合，地方自治體可否基於同一目的並對同一事項設定比
國家法令更高的基準？若依傳統的見解，這是不被允許
的。但是如果基於國民主權及人權保障的理論觀之，毋寧
應該將其解為是合憲的吧！

[97]杉原泰雄，同註[96]，頁 14。

[98]杉原泰雄，〈地方自治と地方分權〉，《法律時報》，66 卷 12
　　　號，1994，頁 30。

[99]學者有謂：「所謂住民參加，在地方自治的運作上，乃是作
　　　為反應住民意思的制度來理解。但是在今日，於地方公共
　　　團體的運作上，把確保作為主人公之住民其發言權的制
　　　度，稱為是廣義住民參加的這個想法，毋寧是有力的。」
　　　參見室井力、原野翹編，《現代地方自治法入門》，法律文
　　　化社，1990，頁 108。

[100]左藤幸治，同註[63]，第 242 頁。

[101]山口和秀，〈表現の自由(2)〉，收錄於樋口陽一編，《講座‧
　　　憲法學 3‧權利の保障 I》，日本評論社，1994，頁 166。

[102]蘆部信喜，《憲法》，岩波書店，1994，頁 140。

[103]蘆部信喜，同註[102]，頁 141。

[104]葉俊榮主持，《政府資訊公開制度之研究》，行政院研考
　　　會，1996，頁 150。

[105]松井茂記，《情報公開法》，岩波書店，1996，頁 35-36。

[106]葉俊榮主持，同註[104]，頁 164。

[107]林素鳳譯、鹽野宏著，〈日本的政府資訊公開（情報公開）
　　　法制〉，《月旦法學雜誌》，第 40 期，1998，頁 124。

[108]林素鳳譯、鹽野宏著，同註[107]，頁 123。畠基晃，《情
　　　報報開法の使い方》，中央經濟社，2000。

[109]松井茂記，同註[105]，頁 9。

[110]葉俊榮主持，同註[104]，頁 122。

[111]晴山一穗，〈國會の情報公開〉，《法律時報》，72 卷 2 號，

2000，頁 34。

[112]廣渡清吾，〈ドイツにおける外國人の地方參政權〉，收錄
於徐龍達編，《定住外國人の地方參政權》，日本評論社，
1992，頁 169。高田篤，〈外國人の選舉權〉，《法律時報》，
64 卷 1 號，1992，頁 84。

[113]高田篤，同註[112]，頁 86-87。而德國基本法第 28 條 1
項 2 句規定：「各邦、縣、市、鄉、鎮國民須各有經由普
通、直接、自由、平等及秘密選舉而產生之代表議會。」
而基本法第 20 條 2 項則規定：「所有國家權力源自於國
民。國家權力，由國民以選舉及公民投票，並由彼此分立
之立法、行政及司法機關行使之。」

[114]關於德國聯邦憲法法院在一九九○年十月三十日對於外
國人參政權之違憲判決理由全文，請參見高田篤，同註
[112]，頁 87。

[115]德國基本法第 28 條 1 項 1 句規定：「各邦之憲法秩序須符
合基本法所定以法治為基礎之共和、民主、社會國家原
則。」

[116]德國基本法第 79 條 3 項規定：「本基本法之修正案凡影響
聯邦之體制、各邦共同參與立法、或第一條與第二十條之
基本原則者，不得成立。」

[117]高田篤，同註[112]，頁 88。

[118]初宿正典，〈ドイツ統一後の基本法の改正について〉，《ジ
ュリスト》，1023 號，1993，頁 97。

[119]法國第五共和憲法第 3 條規定：「國民主權屬於人民。人
民經由其代表及依人民投票行使其主權。……一切法國公

民之成年男女，凡享有民權及政治權者，於法律規定之條件下，皆為選舉人。」而人權宣言第 6 條規定：「⋯⋯法律之前，人人平等。除德行和才能之差別外，得平等的享有一切位階、地位及公職。」

[120]建石眞公子，〈フランスにおける市町村會選舉と國民主權〉，《法政論集》，156 號，1994，頁 167-168。光信一宏，〈フランスにおける外國人の選舉權〉，《愛媛法學會雜誌》，20 卷 3・4 合併號，1994，頁 234。

[121]建石眞公子，同註[120]，頁 175-176。光信一宏，同註[120]，頁 237。

[122]建石眞公子，同註[120]，頁 178。光信一宏，同註[120]，頁 245。

[123]關於日本最高法院一九九五年二月二十八日對於外國人參政權之判決全文，請參見《判例時報》，1523 號，1995，頁 52。

[124]日本學者橫田耕一氏認為，日本很多之學說或判決，根據「國民主權」原理來排除外國人對國政層次的參政權，但是卻以立法為媒介來容許外國人對地方自治體的參政權，其根據則是如判決所說的：和日常生活的密切性，因此，可以看到那是強調著地方自治體政治和國家政治的異質性。參見橫田耕一，〈外國人の「參政權」〉，《法律時報》，67 卷 7 號，1995，頁 5。

[125]浦部法穗，〈日本國憲法と外國人の參政權〉，收錄於徐龍達編，《定住外國人の地方參政權》，日本評論社，1992，頁 55-56。

[126]浦部法穗，同註[125]，頁 57-58。

[127]浦部法穗，同註[125]，頁 60。

[128]江橋崇，〈ヨーロッパにおける外國人の地方參政權の現狀〉，收錄於徐龍達編，《定住外國人の地方參政權》，日本評論社，1992，頁 150。

第四章
國民主權與憲法制定
權力的問題

　　主權一詞，在實定法的意味通常指的是國家權力的本身，而包括性地將立法權、行政權、司法權三者納為一體。但是，在法國大革命時期之思想家西耶，卻將原先主權概念的實定法層次提升到憲法制定權力（pouvoir constituant, verfassunggebende Gewalt）的超實定法層次，而作為革命的理論，使得主權概念的發展有了重大的突破。不過，由於憲法制定權力具有強烈的超實定法性格，因此其雖然是作為國民主權行使的一環，但是在實定法秩序下究竟應該要如何地予以評價，則是頗富爭議性的。底下，便藉由憲法制定權力的發展過程，來檢討此一嚴肅的課題。

一、制憲權的歷史發展

(一)制憲權論的產生

　　關於憲法制定權力之觀念和理論，最先乃是根據法國的西耶在一本名為《第三身分為何》的小冊子中所展開的，他認為：「憲法之各個部分，並非是根據憲法所規定之權力的作品，而是憲法制定權力的作品」[1]，因此他首先區分了「制憲權」與「根據憲法所規定之權力」二者，當然，這其中是以實定法為界限的。此外，由於國民是先於一切而存在，是先於實定法而存在，所以國民乃是憲法制定權力的主體，更是「一切合法性的源泉」[2]。但是，應該特別注意者，乃是「所謂的這個『合法性』，並非是在『實定法』意味下的合法性。因為從實定法來看破除實定法的這件事情並說其是合法的，是沒有意義且矛盾的。因此，西耶在此所說之合法性，乃是具有『自然法』的意味」[3]。亦即，對於西耶而言，作為憲法制定權力主體的國民意志，「並非是洗去了法之性格而屬赤裸裸的實力，而

是其自身已經是法的東西」[4]，於是「根據西耶所描繪之圖式，在法之上有力，但在力之上還有更高層次的法。於此意味下，他的學說在結局上，不得不說是在法之最終處有法之存在的思想」[5]。

其次，西耶藉由憲法制定權力超實定性的作用，使得被他歸類為第三階級之國民──正確的說應該是排除了特權階級以後之資產階級，得到了在「憲法」（當時君主主權下之憲法秩序）外活動的正當性權源，而「這樣的理論，是主權論所不能提供的」[6]，因為「主權論本身不只未考慮到『憲法』的問題」[7]，在現實上亦不能對於「制憲權是被治者之『權力』」[8]的這個立場提供理論上的依據。

再者，由於西耶區別了憲法制定權力和根據憲法所規定之權力，所以他的理論所具有之重要意義，乃是存在於「嘗試將權力分立的理論與國民主權的理論予以結合」這點上[9]，亦即儘管在實定法下之國家權力有著多元的特性，但是就憲法制定權力賦予其基礎而言，國家權力得到了統一性的確保[10]。

此外，在對於西耶之憲法制定權力的理解上，有幾點是必須要注意的：

第一，西耶在其理論中並未特別地對制憲權與修

憲權二者加以區分，亦即修憲權對於西耶而言，是被
理解為制憲權在實定法上的作用。於是學者有謂：像
這樣之制憲權與修憲權同視的思想，「乃是革命時期之
資產階級期望迴避將來之革命而希求維持現狀之強烈
的反映」[11]。不過事實似乎卻非如此，因為修憲權即
使被認為是制憲權的作用，但那也是西耶所強調國民
是一切合法性淵源之必然的歸結，與把「制憲權」置
換為「修憲權」以企圖阻止革命之發生，應是沒有什
麼關聯的；真正之原因，則為西耶「代表制度」的導
入，亦即，「西耶在強調對於舊體制之破壞的、革命的
權力之必要性時，對於新的抬頭階級，則根據代表制
度以期望擁護資產階級的利益」[12]。

　　第二，學者有謂：「如果就一切之權力同樣存在
國民之手中這點而言，則『區別制憲權和以憲法為前
提之國家權力的意義便全然沒有了』。」[13]的確，就
權力之主體同是「國民」來說，這樣的見解似乎是無
可厚非的。但是實際上，這樣的見解的嚴重是把制憲
權在實定法之外的性格和國家權力在實定法之內的性
格作無差別的混同，尤其更忽略了制憲權在作為否定
君主主權時所具有的特殊歷史意義；另外，如果容認
制憲權「恆常性」的觀點，則於實定憲法下發動另一

次制憲權，便具有重要的意義。

(二)制憲權論的興衰

■制憲權論的衰退

　　在十八世紀於法國所展開的制憲權理論，進入了十九世紀之後，卻因為二個因素而發生了變化，「一是在一八一四年之路易十八世的憲法，君主主權觀念和制憲權觀念結合的嘗試；另一是國家人格的觀念，使得制憲權之觀念產生了變質」[14]。亦即起初，法王路易十八世於一八一四年制定了一部欽定憲法，其中雖容許國民之政治參加，但路易十八世卻援用了制憲權之觀念而把自己作為制憲權的主體，使得制憲權之觀念違反了當初係對抗君主主權而被提出的歷史使命，而造成與君主主權不當結合的結果。之後，制憲權之觀念又因德國法實證主義之國家法人說的影響，而被排除於法學的領域之外。先前已經論述過，於國家法人說之理論下，國家是統治權的主體，君主或國民只不過是具有國家機關的地位而已，因此國家法人說，不得不說是迴避了「國家法秩序妥當性之最終基礎——正當性——之問題的解決」[15]，而把從前超越憲法

存在之制憲權觀念，純粹視為是「『社會的權力要素』
而全然不具法的屬性」[16]，於是，「制憲權只是作為
與立法權、司法權、行政權同順位之被組織化的權力
而被把握。換言之，制憲權只不過是規定於憲法之中
的修憲權，而且這個修憲權之特殊之處，僅於修正憲
法之際，要求不同於通常立法程序之剛性憲法場合才
有可能」[17]。至此，制憲權在十九世紀德國國家法人
說的理論影響下，完全地被抹殺了。

■制憲權論的再興

　　然而，於二十世紀初，憲法制定權力的觀念又在
德國憲法學者卡爾·史密特（Carl Schmitt）之手上得
到了復活和重生。首先，他認為：「制憲權，乃是以力
或權威，下一關於自己政治實存態樣和形式之具體性
的全體決定，亦即是能把政治性統一體之實存作為全
體而規定的政治意志。」[18]而「制憲權是統一不可分
割的。其並非是與其他被區別之『各種權力』（立法、
行政、司法）並列的權力。它是其他一切之『各種權
力』和『權力分立』之包括的基礎」[19]。於是在他之
理解下，制憲權不再被視為是國家權力的一環，而是
被置於國家權力之上的位置，當然，這也否定了修憲

權與制憲權同視的觀點。其後，他更區分了憲章
（Verfassung）和憲法律（Verfassungsgesetz）二者之
不同，而把憲章認為是根據制憲權所下之具體決定，
而憲法律則是把憲章予以規範化之各個憲法規定的集
合[20][21]。至此，卡爾・史密特構築了其獨特的憲法理
論，即「制憲權→憲章→憲法律→根據憲法所規定之
權力」的位階秩序[22]。

　　不過，卡爾・史密特之制憲權理論與西耶之制憲
權理論，有著顯著的不同，以下便藉由幾點析述之：

　　首先，制憲權主體的問題。對於西耶而言，國民
是一切合法性的源泉，國家是由國民的合意而賦予其
基礎，政府的權力是來自於國民，因此只有「國民」
堪為制憲權的主體。但是卡爾・史密特卻認為制憲權
的主體可包括下列四者[23]：(1)神。根據中世紀的觀
念，「一切的權力由來於神」。(2)國民。此從美國獨立
革命和法國大革命便能得到如此的結論。因為「人民
或國民，不論在何時都是一切政治事項的根源」。(3)
君主。「在一八一五年至一八三〇年之君主政的復古時
期，君主是制憲權的主體」。(4)少數者的組織。在這
個場合，「國家具有貴族政或寡頭政之形式」。不過在
此所謂之少數者，乃是相對於未被組織的國民大眾而

言，因此在古代或中世紀之一定的家族或教團或現代的獨裁政黨，於「拒絕多數決之自由主義和市民法治國諸原理」的限度內，憲法制定行為也是存在的。至於造成二人關於制憲權主體之認知上的差異，乃是在於西耶係以「所謂國民主權之自然法為大前提，而把制憲權之問題明白地作為權利的問題」為出發[24]；而卡爾‧史密特則是把「制憲權作為事實領域的問題，因而，其主體也就從經驗的事實來予以列舉」[25]。

　　其次，關於制憲權歷史社會之意義或機能的問題。在西耶，制憲權「具有作為資產階級革命之理論──正當化革命及正當化作為其成果之『國民主權』（nation）的理論──的意義」[26]。相對地，卡爾‧史密特之制憲權，則是「具有作為在現代為了反革命、政變之理論的意義」[27]。

　　第三，制憲權之法的拘束問題。在西耶的場合，制憲權雖然不受實定法秩序和規範的約束，但是制憲權並非是赤裸裸的實力，其上仍有自然法的制約。但是相對地，卡爾‧史密特卻認為：「制憲權，不受法的形式或程序之拘束。制憲權，於不可讓之性格上而為發動的場合，『經常地是處於自然狀態』」[28]，於是根據倫理性或自然法的規範來承認制憲權的正當性是沒

有必要的，因為對於卡爾‧史密特而言，制憲權行使之本身就是正當的。

最後，制憲權和修憲權區別的問題。在卡爾‧史密特之場合，由於他將制憲權作為國家權力包括的基礎，且強調「制憲權不會根據一次之發動行為而消滅」之恆常性[29]，因此，制憲權與修憲權明顯地被區別，而以超實定「破法之力」的型態永遠存在。但是，西耶卻未特別區分二者，於是制憲權發動之後，於實定憲法下，只得作為被制度化的制憲權（即修憲權）而存在。

此外，值得注意的，是卡爾‧史密特之理論中，制憲權尚被用來作為區分「憲法破棄」和「憲法排除」而使用。前者，意味的是「伴隨在憲法根本之制憲權連同既存憲法一併被除去」[30]，例如革命之場合；而後者，則是意味「在憲法根本之制憲權仍被維持，但既存之憲法卻被除去」[31]，例如政變之場合。

二、現代制憲權論的狀況

基本上，於二十世紀初，制憲權在德國學者卡

爾‧史密特之建構下得到了活潑的論議，但是作為歷史的史實，德國威瑪憲法體制的崩壞與希特勒的崛起，卡爾‧史密特之制憲權理論在一定的程度上實難脫關係，因此，關於制憲權的理論，便成了現代法學被重新檢討的課題。

(一)否認說

■學者杉原泰雄的見解

原本制憲權乃是由西耶為了推翻舊有君主政體及特權階級所提出的觀念，但是杉原泰雄從法國向來「國民主權」與「人民主權」的理解而對西耶之制憲權論提出了批判，並進而對制憲權之觀念予以否認。他指出：「在『國民主權＝人民憲法制定權力論』之下，因為根據『全體國民』直接行使憲法制定權力是不可能的，所以根據『代表』來行使便成為當然的前提」[32]，因而，「『國民主權＝人民憲法制定權力』論在和『純（粹）代表制』結合之場合，如盧騷所銳利指摘的，『人民』將從憲法制定權力主體之地位為事實上的退位」[33]，是故「『國民主權＝人民憲法制定權力』論，只把憲法制定權力歸屬於人民，而把國家權力從

『人民』手中予以剝奪，使得國家權力之歸屬和目的
變得曖昧化，進而否定了國民主權作為憲法原理、憲
法解釋原理的意義」[34]，因此「從經驗事實觀之，『憲
法之制定，乃是透過代表者實行，至於根據國民直接
行使幾乎是沒有的』。於是，不得不警戒根據『全體國
民』或『人民』之名的憲法制定權力的惡用」[35]。所
以，「把『主權』解為憲法制定權力，乃是期望迴避從
市民憲法之現實所被提起的批判」[36]。

　　由於學者杉原泰雄鑑於西耶之制憲權理論，在結
局上，係實行了維護資產階級利益之意識型態機能，
而把國民從主權者的地位予以放逐（從法國一七九一
年憲法之規定即可明瞭），故其極力地反對憲法制定權
力觀念的探討和使用。此外，他亦認為在實定憲法下，
憲法制定權力的理論亦是不具科學性的理論：因為「在
市民憲法下，基於實定法秩序而為了政治的確保，一
般於刑法上皆會設置內亂罪之規定，以禁止根據憲法
外之程序而達到現行憲法體制之實力的變革（革命或
政變）。而憲法制定權力的行使，乃是『革命之叫喊』，
但是實定憲法卻使與那全面牴觸之刑法規定有效地持
續著」[37]。

　　為此，學者杉原泰雄最終地認為：「憲法之制定，

在本質上不是實定憲法的問題，而是社會經濟關係的
問題。所以憲法制定『權』是與實定法之『力』有所
區別之歷史上或社會上的『力』，而不是能產生下位法
並受到保障之上位法的『力』。故『國民主權＝人民憲
法制定權力』論，如果從憲法科學的觀點而言，那不
是法的認識，只不過是將制定出憲法之社會力予以正
當化的理論」[38]。

■學者菅野喜八郎的見解

　　菅野喜八郎明確地指出，「把革命之結果所產生
的憲法積極地正當化，並不是憲法學的工作」[39]，因
此憲法制定權力的行為同樣地也是被看作不受法之評
價的事實行為。不過，他以下之論點是值得注意的：「制
憲權未因憲法制定而被吸收，……則就有把違憲行為
作為是制憲權之發動而加以正當化之虞。」[40]在此，
他特別點出了在實定憲法下，「違憲行為」與制憲權應
該如何看待的問題。

　　此外，他更進一步地認為：「如果制憲權根據憲
法制定而轉化為被吸收的修憲權時，則作為應與修憲
權嚴格區別之制憲權概念就不必要了，但如果制憲權
未因憲法之制定而被吸收且經常地存於憲法之外，宛

如神能干涉被造物之世界而介入法的世界時，則這樣制憲權概念的接受，對於以憲法之客觀當為性為前提的憲法學而言，將可能是自殺的行為。」[41]所以他最終地認為：「制憲權概念是不必要的，……是有害的」[42]。

(二)承認說

■學者樋口陽一的見解

關於樋口陽一之見解，先前於探討國民主權之相關學說時已經論述過（請參照），即他基本上不反對制憲權這個「概念」的使用，但是制憲權在憲法學上僅限於作為「靜態」的位置，也就是用來表示既存憲法之「正當性」所在，除此之外，制憲權於第一次發動後已「永久的凍結」，於實定憲法下不再有發動的可能。所以他的根本立場乃是認為：「立於人權保障之目標，強調『制憲權』之觀念是有害的。但是另一方面，把『制憲權』之觀念作為表示憲法正當性所在的道具概念，對於現實分析而言則是有用的。」[43]

■學者小林直樹的見解

與一般議論不同的是，學者小林直樹對於卡爾‧

史密特把制憲權主體分成神、國民、君主、少數者的
用法，認為「此概念於適用在古來一切政體之分類上，
可以說大致是具備了在價值上作為中立之科學用語的
要件」[44]，而表達了肯定認同的態度。不過，他也不
諱言地指出：「制憲權在潛在上能夠經常地發動而內在
於憲法這一點，於憲法之理論和實踐的雙重側面上，
產生了重大的問題。」[45]因此必須要探求卡爾‧史密
特之制憲權概念再改造的可能性。所以，學者小林直
樹是贊成制憲權之討論的，於是，他對於把制憲權放
逐於憲法學之外的論者，提出了檢討的意見：「某些學
者，從『自己之憲法學』的對象領域排除一定概念，
毋寧是個人的『自由』。但是，憲法學不限於條文之解
釋或『內容解明』，是故如果以憲法現象之分析或理解
為目標是應該的話，則把自己封閉於狹義意味之『規
範科學』中而否認對於那以外問題的研究，是非常獨
斷的，或可被評為『對於憲法學而言是自殺的行為』
吧！」[46]以下，則將學者小林直樹之理論分成幾點敘
述之：

　　首先，制憲權並非是不受拘束之實力。大體上，
分析他的理論，制憲權能夠受到二個方面的拘束，一
為內在的拘束；一為外在的拘束。(1)內在的拘束：在

制憲權發動或制憲的工作上，通常都存在著一定之價
值或目的，因此為了這些價值之實現，制憲權在一般
上，乃是「依據作為自己正當性根據的價值（＝規範）
而被拘束」[47]。(2)外在的拘束：亦即，「在國際法秩
序中，制憲權之發動也受到某種法規範的制約。這個
制約，即使不是那麼地強烈，但是制憲權於無法免除
國際法空間的重力下，所謂其處於完全不受法拘束之
『自然狀態』的這個命題，可謂是有修正的必要」[48]。

其次，新憲法的制定。在這個時期，有著以下的
三點特徵：第一，於此所發動之制憲權，不是在「自
然狀態」中之全能、無拘束的絕對權，而是根據「第
一次憲法」而受到制約[49]。不過在此須注意者，乃是
他所謂「第一次憲法」之意義，並非是完全意味著第
一次成立的憲法典，在憲法典之前若有宣言或政治綱
領（如美國獨立宣言、法國人權宣言）存在時，則將
優先正式之憲法典而被稱為「第一次憲法」，所以如果
有第一次憲法的存在，則正式憲法典之成立尚需透過
「第二次制憲權」的發動[50]。第二，具體之制憲權的
行使，經常是委由少數之支配菁英，亦即制憲之主要
部分是在極少數者的手上被決定[51]。第三，在這個階
段中的很多場合，因為體制之具體內容或政策的不同

所造成之見解或利害的對立進入了制憲過程，所以便
產生了種種的妥協和歪曲[52]。

　　第三，制憲權朝向主權的轉化。憲法典制定完成
的同時，制憲權的任務便終了，而將自己納入實定法
秩序中並「轉化」為包括的主權，因此若「比喻的來
說，這就好比是類似於活潑活動的幼蟲變成了繭，而
於其中轉化為蛹的過程。所以作為政治之力的制憲
權，在自己變成法之權力的這點上，可以把這稱為是
制憲權的蛹化現象」[53]。亦即，最後制憲權是變成作
為被組織化權力的修憲權。

　　第四，制憲權恆常性的消失。在特別例外的情
況，亦即「於主權獨裁之非常事態下，與法之自然狀
態相同的另一個第一次制憲權之發動是必須考慮的。
但是那個場合並非是如字義般所稱的制憲權，而是基
於包括的主權以臨時性之措施所為的處置，故不生正
式的憲法變動。總之，第一次的制憲權於安定的法秩
序中進入了永遠的休眠狀態——以別的說法是『永久
的凍結』」[54]。在此，值得注意的是，學者小林直樹
提出了他獨特之「第三次制憲權」（即在包括主權下所
行使的制憲權）的概念，而認為「第三次制憲權，雖
然服膺於憲法典的基本架構，但是卻實行了比通常『修

『憲』更大的轉換」[55]。

■學者山下威士的見解

　　與小林直樹同樣的，學者山下威士亦從對卡爾・史密特之制憲權理論的研究，建構了其與眾不同的理論。

　　首先，憲章制定權力與憲法典制定權力的區別。他認為：「在史密特之制憲權概念中，只有抽象的人格得成為其主體而作為一個正當化原理或意識型態的『憲章』制定權，與具體的人格成為其主體而表現經驗性事實的憲法典制定權（其本質是制定憲法律的力），產生了不同層次的混同，而這兩者的區別，可以從史密特所列舉之神、國民、君主、少數者組織的四個制憲權主體的檢討中歸納得出」[56]。亦即「『憲章』是根據憲章制定權力而被決定（實證化 positiveren）。相對地，憲法典在作為具體的、現實的、經驗的存在時，乃是根據具有具體的、現實的、經驗的人格的憲法典制定權者 verfassungsurkundegebende Gewalt 而被決定（成文化 statuieren）」，所以學者山下威士創設了其所謂《憲章制定權力（實證化的力）→憲章→憲法典制定權力（條文化的力）→憲法典→立法權→法律》

之獨特的法位階架構[57]。

其次，關於憲章的問題。由於憲章是根據憲章制定權力而得到正當性，且又位於憲法典制定權之上（憲法典制定權之行使必須受到憲章的規制），因此「變更作為基本決定或基本理念之『憲章』的這個機能，具體的憲法典制定權者是不具有的。他們所具有的權能，只是把這些『憲章』全面地或部分地寫進或不寫進屬於自己制定的憲法典之中」[58]。

第三，制憲權與修憲權的問題。他認為：「憲章制定權力並未根據一回的憲法典制定而消滅，再者，其自體也未轉化為憲法（正確的說是憲法律）修正權。憲法典制定後，轉化為憲法修正權的是制定憲法典的力，亦即是憲法典制定權力，而此權力，僅是作為條文化的力，不論其存在於憲法典之前或之後，都不是具有能侵犯『憲章』的力」[59]。

第四，關於修憲權條文之修正問題。他明白地指出：「在不侵犯『憲章』的範圍內……將修正條項基於修正條項而修正，是與其他之憲法典條項同樣地能夠實行的。亦即，修正條項沒有必要作為特別的東西。」[60]

■學者蘆部信喜之見解

對於制憲權問題的討論，學者蘆部信喜亦認為將其放逐於法學領域之外，將可能會招致「經常地把憲法從屬於政治權力之意思，而到最後不得不承認破壞憲法之暴力」[61]的危險。所以一方面除了要面對制憲權這個事實外，另一方面更要把制憲權在規範上予以制約。

首先是制憲權的界限。制憲權，「根據支持自己之人權的理念，特別是形成其核心價值內容之人類人格不可侵的原則……而被拘束」[62]，因為「這個人類人格之自由和尊嚴乃是最根本的法原則，而以此原則為核心之價值和原理的總體則是憲法的根本規範，亦即是所謂『規範的規範』」[63]。為此，「把民主法治國家之基本價值作為內容的根本規範，是制憲權為了主張自己存在的基本前提，是拘束制憲權活動之內在的制約原理」[64]。

其次是制憲權的主體。制憲權的主體，在本質上，必須是限於國民，亦即回歸到於西耶所認識的，而不能和國民主權的原理相切離。因此，「制憲權理論的真正意味，乃是全體國民之中能為政治決定之有權

者自己，或透過直接的特別代表，來參與憲法的制定。
於是作為制憲權發動之方式，公民投票或特別之國民
議會被要求的理由就在此吧！」[65]

再者是制憲權的轉化。於近代的法治國家之下，
「一般而言，制憲權在最初為制憲行為時把自己組織
化於憲法之中，而從自然狀態朝向具有法之形式的權
力（修憲權）來轉化。在這個意味之下，修憲權對於
制憲權而言，是『被制度化的制憲權』，其活動於程序
上或內容上皆有一定的界限」[66]。

(三)制憲權「恆常性」的再確認

在現代關於制憲權之學說論議中，明顯可以看到
否認說和承認說兩大基本立場的對立。但是，即使是
在承認說，如二十世紀初之卡爾‧史密特將制憲權看
作是赤裸裸實力而不受拘束的見解，也幾乎是找不到
了；再者，制憲權於第一次發動後，不論是被凍結（休
眠）或轉化，然而其再發動的機會已是微乎其微甚至
縮減至零。當然，學說上的這個趨勢，基本上可謂是
在現代立憲主義、法治國家及人權保障之諸原理要求
下的產物。

不過在此有疑問的是，制憲權於「實定憲法」下

果真完全不再具有任何發動的契機嗎？對於這個問題的回答，吾人基本上是持保留態度的。當我們在檢討一個問題時，關於存在（事實）和當為（規範）二者應該是要加以區分的，亦即如果將實然（sein）與應然（sollen）同視，則是不符合科學態度的。

　　原本，有實然（sein）之存立，就一定會有應然（sollen）的問題，亦即應然是隨著實然而存立，一旦實然不存在於經驗事實之世界時，則應然亦將失所依附。故於社會科學的研究上，如何將二者統一的把握乃是被關切的問題。但是，應該特別注意的是，所謂「實然」與「應然」統一把握的意義，吾人認為：僅係期望從正面來解決二者之「衝突現象」而已，並不是從反面來迴避任何一方之檢討或解消二者之存在「自體」。所以，制憲權之永久凍結論或制憲權之修憲權轉化論，由於捨棄了存在即實然的側面（不論是有意的或無意的），而完全從憲法的應然面來解釋，因此最終地使得制憲權能否於實定憲法下發動的這個課題，不再具有被討論的餘地；換個角度來說，這是制憲權理論發展的欠缺。為此，如果我們正視問題之檢討必須論及「實然」與「應然」二方面時，則我們就不應該把制憲權「能不能發動」與「應不應該發動」

這二個不同層次的問題加以混同。於是，從實然面來瞭解時，制憲權之「恆常性」是永遠存在的。

　　然而，對於這樣的說法，或許會被認為是朝向卡爾‧史密特之制憲權理論的退化。為此，基於現代人權保障之法理，當我們從實然面來肯認制憲權於實定憲法下再發動的可能性時，則必須具備下列二個要件才有意義：

　　1.制憲權之主體必須是限於人民。
　　2.制憲權是受到人性尊嚴等基本價值或理念所拘束的權力。

　　不過，縱使從實然面承認制憲權的恆常性，但是又該如何與制憲權之應然面一體的把握呢（尤其是社會契約（憲法規範）的問題）？確實地，在一般的觀念上，當人民違反了憲法規範之同時，也將產生違反自己意思和自己拘束的要求而喪失正當性，亦即是自己否定自己的存在。但是，這樣之論理是否正確無誤，恐尚留有檢討之空間。如先前所論述過的，法國一七九三年憲法之人權宣言第 28 條規定：「人民經常地具有再檢討、修正或變更憲法之權利。將來之世代不受現在世代法律之拘束。」而這個規定，是所謂之人民

自己否定自己的矛盾規範嗎？關於這樣的問題，吾人分成幾點試述如下：

在此，吾人認為一般之見解是將社會契約的問題過於簡約化，而導致了邏輯上之謬誤。亦即，如果藉由「契約」之觀念來檢討時，則所謂之契約乃是須「當事人」互相表示一致方能成立，因此把國民放進時間之長流予以思考時，不難看出實存於當時制憲特定時點之後的國民，並非是真正的社會契約締結者，是故所謂「將來之世代不受現在世代法律之拘束」的這個命題，毋寧是從事實面的理解而且是正確的。

當然，這裡或許會有憲法規範之有效性可藉由後來世代國民之「默示意思表示」而得到承認的反論。但是事實上，當大多數之國民決定行使另一次制憲權時，所謂國民之默示承認基本上就已經不存在了，因為另一次制憲權的發動乃是意謂國民已「明示地」表達反對既存憲法之意。

另外，先前於論述法國第五共和之「半直接制」時，亦提及法國憲法委員會基於國民主權原理而表達對公民投票之結果無法行使違憲審查權之意旨。所以國民藉由公民投票之方式來行使制憲權以超越現行憲法的規範，亦是合法且正當的。

　　經過以上的討論，明顯地可以得出制憲權「恆常性」的結論，而這樣的論點，國內學者陳新民亦是持肯定之態度，而認為「倘若將憲法視為國家的最高法規範，而且是『人為』之法規範，應該承認國民永久保有決定該憲法內容之權力。亦即，國民的『制憲權』應是繼續保有，而不是一經由國民行使『制憲權力』後，該權力就消失」[67]。

　　不過最後，誠如學者小林直樹指出的，制憲權之行使大抵皆是由少數之菁英分子為之，且於制憲過程中種種的妥協和歪曲也都可能發生，因此國民制憲權之發動不能流於情緒化，否則事實上亦可能導致把國民放逐於主權主體之外的危險。所以，比起制憲權之發動更重要的，乃是如何讓國民真正瞭解到憲政問題之所在，以及在制憲與其他手段上（如修憲）作出一正確的抉擇與衡量！

(四)制憲權與革命權、抵抗權的關聯

　　在制憲權的發展歷史過程中，我們可以明顯看到，最初由法國思想家西耶所明確提出的制憲權概念，當時乃是作為為了否定君主主權而使用的一種「革命理論」，因此就這點而言，「制憲權」與「革命權」

有著關係上的密接性。但是，就一定程度而言，制憲權與革命權在對於既存憲政秩序之反抗這點上，又與「抵抗權」發生了關聯。因此，關於此三者之概念意義，似乎有探究的必要。

■制憲權與革命權的關係

在此，首先必須要面對的問題是，所謂「革命」指的是什麼呢？藉由學者所指出的，它意味著是「一種快速且劇烈的改變現有秩序——法律秩序、政治、經濟、及社會秩序——，而以建立新的秩序為目的的一種行為」[68]。不過，這種廢除舊秩序而建立新秩序的行為又為何會發生呢？誠如學者所言：「任何革命均有二組基本原因：其一是存在著由失衡的社會體系——處在變化之中並且為了繼續生存需要進一步變化的場合——造成的壓力。……第二組基本原因涉及到社會中合法領袖的能力。若是他們無法制定出能維持體系中非異常行為者信心的政策，社會隨之便會發生權威的喪失」[69]。所以「革命理論是作為一種行為，還是作為一種概念，都牽涉到社會存在的最基本標準——它的體制，即亞里士多德（Aristotle）所謂的在一特定社會中存在的政治權威和公平分配原則」[70]。

　　是故，如果從以上革命之定義和發生之原因來瞭
解時，則於本質上，「制憲權」與「革命權」區別的實
益就不大了，因為就廣義而言，制「憲」並非是狹義
的意味制定一部憲法典而已，而是強烈地帶有積極地
創設新的憲政秩序之謂。當然，或許會有論者認為這
樣的理解僅是就法國大革命的立場來論述的，因為在
法國大革命之場合，「制憲權」是被等同於「革命權」
之位置而使用，但是在美國獨立革命之場合，「制憲權」
應該是在革命成功後才被意識到的。的確，若著重於
此二者權力作用之時點的不同，則「制憲權」與「革
命權」之區別於論理上是可以成立的，甚至或可認為
「制憲權」是由「革命權」於其任務終了之際轉化而
來。但是吾人認為這樣的理解，將使「制憲權」純係
作為立憲主義要求下之必然的產物，而不具有任何的
實質意義。所以，除了探討制憲權之意義外，如果將
制憲權之「恆常性」亦納入考慮時，則於實定憲法下
國民「制憲權」之再度行使，實具有相當於國民「革
命權」之意味。

■制憲權與抵抗權的關係

　　在制憲權的討論上，有學者認為關於制憲權思想

之萌芽可以追溯到洛克的政治理論，亦即洛克之原始
契約和信託契約的二重論，占有制憲權理論源流的位
置[71]；但是無獨有偶的，學者亦把洛克之自然權思想
和信託思想看作是有關抵抗權的理論[72]。因此，制憲
權與抵抗權的關係似乎在某種程度上是相互重疊的。

　　然而，關於抵抗權之意義，依照學者見解：「抵
抗權，乃是在以立憲主義為基礎之憲法秩序，由於公
權力之濫用等而被破壞或受到重大危機的場合，各個
國民或其集團為了回復、維持或擁護以人權為主之核
心價值的憲法秩序，而作為最後手段所使用實力反抗
的權利」[73]。亦即，「抵抗權的意味，乃是否認權力
行使之正當性和價值性，而拒絕對其服從，並進而要
求權力之撤回或廢止」[74]。於是在這樣的定義下，我
們可以瞭解到抵抗權的行使是有界限的，亦即抵抗權
須在已無任何救濟方式之「例外狀況」下，本於「最
後手段」之地位才能發動，因此誠如學者所指出的：「為
了得到阻卻違法性的判決或至少使道德上的正當性
（或權利性）能得到承認，抵抗權之發動必須遵守一
定的要件」[75]，所以「只有對於篡奪者（亦即本來不
應該坐於主權王座之上者）得承認主動的抵抗權，至
於對於權力之濫用則嚴格地限定只能為被動的抵抗」

[76]。

　　基於以上的理解，則抵抗權在越開放的民主化社會中，幾乎不具有任何行使的餘地，因為人權的理念在此獲得了有效的實踐。但是如此之觀點仍有待商榷，亦即所謂民主政治乃是基於多數決原理所決定的，所以少數者成為民主程序之犧牲者亦非不可能之事，因此，這裡產生了一個問題：「國民之個人或少數人是否具備行使抵抗權之當事人適格要件？」關於這個問題，學者以下之意見是值得重視的：「抵抗權的固有問題，並不是法的安定性理念的內部調整問題。抵抗權在近代立憲國家成立以前，是相對於絕對主義暴政之國家至上主義或法安定性優越觀的自由思想鬥爭表現（作為革命權的現象）」[77]，因此「抵抗權的固有問題，在和人權優越的意味下，比起民主制原理，不得不說是自由理念的內部調整問題。亦即，根據民主程序而對於基本人權之侵害，依據自由理念是絕對不能被正當化的」[78]。不過，由於多數決原理乃是民主主義下所必須容忍或無法避免的制度，因此在大多數國民仍然承認（即使是默示承認）國家權力而賦予其正當性之前提下，國民個人或少數人堅信自己之正義觀，而拒絕履行國家所課予之義務且行使抵抗權的

場合，基本上是難以具有阻卻違法事由的，但是因為彼等自信其行為之合法性，所以依據客觀事實情況則應該可以構成減免罪責事由。所以吾人認為，這種根據國民少數者所為之抵抗權行使，可稱之為是「國民為了自由的緊急避難權」(在緊急避難的法理下，行為人對抗之客體不限於是「不正的」)；相反地，在國家權力喪失大多數國民之信賴而群起行使抵抗權時，則可稱之為是「國家憲政秩序的正當防衛權」(在正當防衛的法理下，行為人對抗之客體必定是「不正的」)。

為此，抵抗權可謂是一種反對不當壓抑而期望回復到「原有」正常秩序之消極或被動的防衛權，故其在「保守的」性格上明顯地和革命權被區別[79]；因此，抵抗權與積極創設新的憲政秩序的制憲權行使，於性質上自然亦有所不同。

(五)小結

關於現代制憲權的討論，大體上是受到德國統一前之西德基本法第 146 條規定的影響：「本基本法於德意志人民依其自由決定制定之憲法生效時停止施行。」而德國統一後，本條條文雖受到修正：「於德國之統一與自由完成後適用於全體德意志人民之本基本法，於

由德意志人民以自由決定決議之憲法生效之日，失其
效力」，但最終並未放棄制憲權的這樣一個規定；所以
不僅在理論上，如果更藉由外國立法例觀之，則認為
制憲權於實定憲法下不能發動的理由應該是有所欠缺
的。不過，誠如學者所警示的：「憲法的正當性主要建
立於其民主政治的實踐上，而非民主的制定程序上」
[80]，所以制憲權雖具有「恆常性」，但是除非必要（如
人民已喪失了對原有憲法的信心），否則制憲權的發動
亦未必是絕對無害的！

註　釋

[1]Qu'est-ce que le Tiers état ?,chapitre 5, pp.180-181. 轉引自浦田一郎，《シエースの憲法思想》，勁草書房，1987，頁 168。

[2]蘆部信喜，《憲法制定權力》，東京大學出版會，1987，頁 17。

[3]尾高朝雄，《法の窮極に在るもの》，有斐閣，1990，頁 75。

[4]尾高朝雄，同註[3]，頁 75。

[5]尾高朝雄，同註[3]，頁 75。

[6]渡邊良二，〈「國民の憲法制定權力」に關する若干の考察〉，《法學論叢》，94 卷 2 號，1973，頁 59。

[7]渡邊良二，同註[6]，頁 59。

[8]渡邊良二，同註[6]，頁 59。

[9]黑田覺，〈憲法制定權力論〉，收錄於（佐佐木博士還曆紀念）《憲法及行政法の諸問題》，有斐閣，1987，頁 25。

[10]黑田覺，同註[9]，頁 25。

[11]蘆部信喜，同註[2]，頁 21。

[12]山本浩三，〈憲法制定權力論〉，《同志社法學》，42 卷 1 號，1990，頁 81。

[13]蘆部信喜，同註[2]，頁 23。

[14]黑田覺，同註[9]，頁 26。

[15]黑田覺，同註[9]，頁 28。

[16]蘆部信喜，同註[2]，頁 30。

[17]黑田覺，同註[9]，頁 28。

[18]Carl Schmitt 著、尾吹善人譯，《憲法理論》，創文社，1990，

頁 96。

[19]Carl Schmitt 著、尾吹善人譯，同註[18]，頁 97。

[20]在此，應該說明的是一般所用之 "Verfassung" 一詞，若按照字義翻譯，則通常指的是形式意義的憲法，即憲法典（Verfassungsurkunde）。但是由於 Schmitt 把 Verfassung 與 Verfassungsgesetz 相區別，因此在其理論中，所謂的憲法典便包含了「在形式意味的憲法（Verfassung）」和「在形式意味的憲法律（Verfassungsgesetz）」二者。於是 Schmitt 特別強調，一般所用之「憲法典＝形式意味的憲法」的理解，是錯誤的；而正確的說法，則應該是「被條文化之『憲法』（Verfassung）＝形式意味的憲法」，參見 Carl Schmitt 著、尾吹善人譯，同註[18]，頁 16 以下。是故，為了避免把根據制憲權之決定所產生出來之 Verfassung 與一般形式意義下之成文憲法典的 Verfassung 相混淆，所以在此，便循國內學界之通例，將 Schmitt 特有意味的 Verfassung 譯成「憲章」而使用。

[21]在 Carl Schmitt 的憲法理論中，憲章（Verfassung）和憲法律（Verfassungsgesetz）區別之實益，可於憲法的修正上看出來，亦即 Schmitt 認為，「憲法律可以修正，但作為全體的憲章則不得修正」，所以憲章便構成了修憲上的界限！不過，憲章的具體內容究竟為何？Schmitt 認為，在威瑪憲法體制下，指的是：(1)前文所稱之「德意志人民自己制定此憲法」及憲法第 1 條 2 項規定之「國家權力源自於人民」。(2)第 1 條 1 項之「德意志是共和國」。(3)第 2 條之維持聯邦國家的構造。(4)在立法和政府的原則上，採取代議制的

形式。(5)具有基本權和權力分立之市民法治國原則的採用。參見 Carl Schmitt 著、尾吹善人譯,同註[18],頁 31-33。

[22]蘆部信喜,同註[2],頁 37。

[23]Carl Schmitt 著、尾吹善人譯,同註[18],頁 98-104。

[24]山下威士,《憲法學と憲法》,南窗社,1987,頁 163。

[25]山下威士,同註[24],第 163 頁。此外,對於 Carl Schmitt 經驗事實上之制憲權主體的區分,學者山下威士有著其獨特的理解,亦即他認為在制憲權的主體中,「神和國民是抽象觀念的構成物,相對地,君主和少數者組織則是具體實在的人格者」,而由於神是抽象觀念的存在,故在現實上實際為決定者則是作為神之代理人的君主,同樣地,在國民和少數者組織的場合亦是如此。所以,Carl Schmitt 所主張之制憲權,便具有「作為事實或存在之制憲權」與「作為觀念或當為之制憲權」的兩種意味,參見山下威士,同註[24],頁 165-166。

[26]杉原泰雄,〈國民主權と憲法制定權力・2〉,《法律時報》,57 卷 7 號,1985,頁 80。

[27]杉原泰雄,同註[26],頁 80。

[28]Carl Schmitt 著、尾吹善人譯,同註[18],頁 100。

[29]Carl Schmitt 著、尾吹善人譯,同註[18],頁 118。

[30]Carl Schmitt 著、尾吹善人譯,同註[18],頁 128。

[31]Carl Schmitt 著、尾吹善人譯,同註[18],頁 128。

[32]杉原泰雄,〈國民主權と憲法制定權力・4〉,《法律時報》,57 卷 9 號,1985,頁 80。

[33]杉原泰雄,同註[32],頁 80。

[34]杉原泰雄，同註[32]，頁 80。

[35]杉原泰雄，同註[32]，頁 80。

[36]杉原泰雄，〈フランス革命と國民主權〉，《公法研究》，33
　　號，1971，頁 34。

[37]杉原泰雄，同註[32]，頁 78。

[38]杉原泰雄，同註[32]，頁 79。

[39]菅野喜八郎，《國權の限界問題》，木鐸社，1987，頁 226。

[40]菅野喜八郎，同註[39]，頁 226。

[41]菅野喜八郎，同註[39]，頁 226。

[42]菅野喜八郎，同註[39]，頁 226。

[43]樋口陽一，〈「憲法の規範性」ということ〉，《東北大學法
　　學》，35 卷 1 號，1971，頁 77-79。

[44]小林直樹，〈憲法制定の理論・下〉，《法律時報》，58 卷 5
　　號，1986，頁 15。

[45]小林直樹，同註[44]，頁 15。

[46]小林直樹，同註[44]，頁 16。

[47]小林直樹，同註[44]，頁 20。

[48]小林直樹，同註[44]，頁 20。

[49]小林直樹，〈憲法制定の理論・上〉，《法律時報》，58 卷 4
　　號，1986，頁 15。

[50]小林直樹，《憲法秩序の理論》，東京大學出版會，1986，
　　頁 48-51。

[51]學者小林直樹特別指出：以專門知識和明確目的的憲法典
　　制定，根據少數之菁英而推進可謂是必然的趨勢，惟這將
　　與強調人民主權的憲法會有所牴觸。因此為了解決這樣的

矛盾，在社會主義各國通常會把憲法草案交付「全人民討論」。但是這樣的場合，實際上，作為主權者之人民只是被動的「贊成者」，故少數菁英握有主導權還是無法改變的事實。參見小林直樹，同註[49]，頁14。

[52]小林直樹，同註[49]，頁14。

[53]小林直樹，同註[44]，頁21。

[54]小林直樹，同註[44]，頁23。

[55]小林直樹，同註[44]，頁21之圖表註解參照。

[56]山下威士，同註[24]，頁222之註[64]。

[57]山下威士，同註[24]，頁210。

[58]山下威士，同註[24]，頁211。

[59]山下威士，同註[24]，頁215。

[60]山下威士，同註[24]，頁215。

[61]蘆部信喜，同註[2]，頁39。

[62]蘆部信喜，同註[2]，頁318。

[63]蘆部信喜，同註[2]，頁41-42。

[64]蘆部信喜，同註[2]，頁42。

[65]蘆部信喜，同註[2]，頁43。

[66]蘆部信喜，同註[2]，頁319。

[67]陳新民，《憲法基本權利之基本理論（下冊）》，自版，1990，頁344。

[68]陳新民，同註[67]，頁37-38。

[69]Chalmers Johnson著、郭基譯，《革命：理論與實踐》，時報文化出版企業有限公司，1993，頁95。

[70]Chalmers Johnson著、郭基譯，同註[69]，頁1。

[71]大隈義和,《憲法制定權の法理》,九州大學出版會,1988,頁23。小林直樹,《憲法の構成原理》,東京大學出版會,1961,頁53。

[72]初宿正典,〈抵抗權〉,收錄於杉原泰雄編,《講座・憲法學の基礎2・憲法學の基礎概念II》,勁草書房,1990,頁240。

[73]初宿正典,同註[72],頁238。

[74]善家幸敏,《法の根本問題》,成文堂,1988,頁129。

[75]小林直樹,〈抵抗權再考〉,收錄於(國家學會百年紀念)《國家と市民・第一卷》,1987,頁40。

[76]小林直樹,同註[75],頁29。

[77]小貫幸浩,〈近代人權宣言と抵抗權の本質について〉,早《稻田法學會誌》,41卷,1991,頁146。

[78]小貫幸浩,同註[77],頁147。

[79]初宿正典,同註[72],頁238。小林直樹,同註[75],頁3。新正幸,〈緊急權と抵抗權〉,收錄於樋口陽一編,《講座・憲法學1・憲法と憲法學》,日本評論社,1995,頁239。

[80]蘇永欽,〈兩德統一的憲法問題〉,《政大法學評論》,43期,1991,頁87。

第五章
由主權理論看
我國的憲政問題

　　抗戰勝利後，原本以為中國可脫離長期以來列強侵略之桎梏而朝向民主共和國之目標前進與發展，但不幸的，國共內戰之爆發，使得國民黨政府退守台灣，而大陸地區則淪為中國共產黨所統治，而造成了今日兩岸分裂分治的事實。惟當初為因應如此重大變局及進行動員戡亂大業，國民黨政府遂從民國三十八年五月起至民國七十六年七月間實施了長達將近四十年的戒嚴體制，期望能穩定政局的發展，不過由於時空之變遷，鑑於兩岸之分裂分治已成事實（對於我方而言，反攻大陸已不可能），故政府最後亦不得不解除了戒嚴並宣佈動員戡亂終止，而開啟了台灣民主憲政發展的新紀元。

　　然而，攸關人民權利保障及國家憲政發展之根本

大法的憲法，在長期受到臨時條款之凍結下而喪失了
原有的作用，故在李前總統登輝先生的領導下，首先
廢止了臨時條款，之後更進行了多次的修憲工作，以
圖落實「主權在民」的理念。不過，這幾次的修憲大
業並非是在和平安詳的氣氛中完成的，尤其更有不少
人士主張廢除舊憲法並制定新憲法。因此，吾人期望
能透過主權理論之檢討來探討我國當前憲政所面臨到
的問題。

一、修憲與制憲的論爭

(一)主張制憲的原由

　　在我國現行主張制憲的人士中，吾人認為基本上
可以分成二種基本類型，一是為了追求台灣獨立建國
而主張的制憲運動，另一是現行憲法所依據之　國父
孫中山的五權憲法理論有著不少的缺陷，故必須重新
制憲。是故，關於這二點則分別論述如下。

■追求台灣獨立的制憲運動

　　不可否認的，現行所謂的制憲運動大體上是與追求台灣獨立有著密切關聯的。以民進黨為首之部分人士曾於民國八十年八月間與八十三年六月間召開了二次所謂的「台灣人制憲會議」，並分別獨自議決通過了「台灣憲法草案」與「台灣共和國憲法草案」[1]。其中，於第二次台灣人民制憲會議所通過之「台灣共和國憲法草案」的前文部分，提及了：「歷經外來政權長期的壓迫統治，台灣民族已經覺醒。我們決心以自己的力量……創建自主的現代國家，特制定本台灣共和國憲法。」是故，這裡產生了一個值得注意的問題，亦即：一般關於民族自決的要求通常都是經由「公民投票」之方式來尋求解決，但是，民進黨卻將追求台灣獨立的問題，企圖藉由高層次之「憲法制定權力」的發動，來圖謀獲得絕對之合法性及正當性，使得「制憲權」與「民族自決」產生了某種程度的連結，而造就了制憲權發展的一種新的特殊型態。因此，在民進黨部分人士認為台灣未來之前途不應該背負任何歷史包袱的認知下，透過新憲法之制定將可一勞永逸的（一次的）解決台灣獨立與憲政改革的雙重難題。所以，

民進黨之制憲主張可謂是頗具創意性。

　　但是，民進黨部分人士主導之台灣人民制憲會議所自行議決通過的憲法草案，迄今為止，並非是在大多數國民之共同意願下要求制定的，因此該憲法草案的正當性難免有所欠缺；再者，該等憲法草案之制定者，亦並非係由各界菁英所參與，而是由傾向台獨之人士為之，是故一旦民進黨將來有機會把其獨立完成之憲法草案交付人民複決時，則不免令人覺得代表性有所不足。此外，制憲權被用作民族自決的手段亦是危險的，雖然國際社會承認民族自決權，但其目的僅係追求各民族間在獲得民主、自由、幸福或安全之保障上能一律平等而不致有差別待遇的現象發生，故當「民族自決權」與「國家主權」相衝突時，國際社會通常是不願也不便予以支持[2]，因此就以加拿大魁北克省之獨立運動而言，除了法國明確表態支持外，就連美國也僅是關切而已；因而在現今面對中共的強大壓力下，憲政改革與國家統獨問題似乎應該要分開來處理，或許是比較恰當的。

■廢除五權憲法的制憲主張

　　如果排除台灣獨立這個極具爭議性的問題，則藉

由新憲法之制定來追求憲政改革之目標是否可行呢？之前在討論憲法制定權力的問題時，已經確立了制憲權「恆常性」的這個結論，因此就現實而言，只要大多數國民有此意願，制憲亦不失為作為憲政改革的途徑之一。不過，在不碰觸統獨之問題下，關於制憲之主張又可分為二種：(1)是凍結現行憲法而制定不放棄統一的中華民國基本法[3]；(2)是從批判五權憲法論出發，而企圖重新制定一符合西方三權分立式之新憲法。但是在此，吾人關切的是第(2)小點之制憲主張，因為我國憲法乃是依據　國父孫中山先生所創立之五權憲法的原理和精神制定的，而與世界各國之憲法有所不同，所以關於五權憲法的質疑，將攸關我國憲政改革的方向。然而，現今我國憲政上所產生的紊亂現象，究竟純粹是制度面的問題，抑或是人謀不臧的問題，似乎有必要透過五權憲法的探討來尋找答案：

　　依據　國父的見解，五權憲法是採用「權能區分」的理論，亦即是「政權」（權）與「治權」（能）區分之理論。而所謂的政權，指的是選舉、罷免、創制、複決四權，是人民管理政府的權利；而所謂的治權，指的是行政、立法、司法、考試、監察五權，是政府自身的力量。是故，　國父「政權」與「治權」之區

分與一般的用語有所不同，但是，從本論文對主權概念之探討所得到的結論──主權＝國家權力（行政、立法、司法）──觀之，則政權與治權二者，其實不外意味的是參政權與統治權，換言之，「所謂的四個『政權』，如果根據現代比較憲法學而言，那是基本人權的系譜，亦即是屬於『參政權』的權利（right）；但是相對地，所謂的五個『治權』則是國家權力的系譜，亦即是屬於權力分立論的權力（power）」[4]。

　　在　國父之五權憲法體制下，「政權」（參政權）與「治權」（國家權力）的關係，基本上與一般國家之憲政運作原理應該大致是相同的，亦即前者是作為實行後者的一種手段或方法，以達到主權在民的目的。不過有疑問者，卻是　國父創設了國民大會的制度，使得現今憲政體制備受爭議：首先，原本五權憲法乃是為了補救代議政治之流弊以實現直接民權的理念而創設的，但是　國父鑑於中國地廣人稠實施直接民主政治的困難，遂主張將作為實現直接民權之手段的政權，交由各縣產生一名代表所組成的國民大會來代表人民行使之；惟不管如何，人民必須直接行使統治作用方能稱為直接民權，因此就這點而言，不免受到所謂「擬藉助代議機關的國民大會實行直接民主，彌補

代議政治的流弊，全然不合邏輯」的批判[5]。再者，早期國民大會與立法院的關係亦是錯綜複雜有待釐清，此從早期大法官會議釋字第 76 號（46.5.3）把國民大會、立法院與監察院三者認定是相當於民主國家之「國會」可見一斑。然而就　國父設計的國民大會制度而言，學者有謂：國民大會因為享有中央政府官員之選舉、罷免權及中央法律之創制、複決權，因此，國民大會不僅取代了考試院之地位，同時立法委員亦非民選產生，不再是民意代表，故「國會」當指國民大會而非立法院[6]；或謂：國民大會由於具有代理人民行使參政權之最高機關的性質，因此類似於蘇聯最高蘇維埃會議[7]，而屬權力集中制的產物。不過，吾人對此則有不同的看法，因為　國父五權憲法理論之提出，其目的僅是在解決代議政治之缺失，而並未是要排斥代議制度的採用，因此　國父參照直接民主政治的精神，「例外的」讓人民享有創制、複決兩權來直接參與國家意思的形成，是故，如果基於這樣的理解，則五權憲法體制應該是與「國民主權」下之「半直接制」相當的，然而既要採行直接民主制度，則國民大會就不應該再代替人民行使創制、複決權，故國民大會之存在顯屬是多餘而不必要的，所以就結局而論，

五權憲法體制是不完全的半直接制（或是失敗的半直接制）。不過，從另一個角度觀之，國民大會若能著實發揮其效用，則國民大會在功能上便能產生類似外國「兩院制」之第二院的制衡作用[8]。可惜的是，國民大會並未好好地扮演這個角色，故到頭來喪失了人民對其的信任，並被喻為「憲政怪獸」。

　　五權憲法之所以不同於三權憲法，乃是考試權從行政權中被獨立出來，及監察權從立法權中被獨立出來。而考試權之所以獨立，則在於防止濫選與任用私人的流弊，以達到選賢與能的目的；至於監察權的獨立，則在於防止議會專擅與澄清吏治為目的。誠然，國父如此之用意是值得嘉許的，但是若就憲政運作之實際面觀之，則亦不無檢討之處：首先，就考試權而言，如果純粹是為求公平性而為公務員之考選，則考試院之權限將是十分地有限，因此在現行強調考試權亦是五權之一的崇高地位時，今天的考試院除了掌理公務員之考選事項外，還包括公務人員之銓敘、保障、撫卹、退休、任免、考績、級俸、升遷、褒獎等事項，使得考試院之職權擴張了許多，而難逃成為「人事院」[9]之譏評。是故，考試院職權之擴大侵犯了行政機關對公務員之監督管理制度，所以行政院為了克服考試

院獨立帶來的不便和掣肘，遂採取「雙重人事主管機構」模式，設置人事行政局來削弱考試院之實質影響力[10]，而導致了行政院與考試院對立爭權的不當結果。其次，就監察權（主要是彈劾權與糾舉權）而言，在西方原本是屬於國會的職權，亦即「是被視為立法權之一部，和不信任投票一樣，意味著對於行政院施政的監督權」[11]，而且行使之對象大多是高級官員，因此便有所謂「政務官不受懲戒，事務官不受彈劾」的原則產生[12]。然而，　國父認為中國古代之御史制度相當地有價值，並鑑於西方議會專擅之缺失，於是在五權憲法體制中特別設立了監察院，期望監察權能發揮澄清吏治的功效，所以與西方國家不同的是，在我國除了民意代表之外，一切之政府官員均為監察權行使的對象。的確，監察權之獨立若能達到所欲追求之目標，亦未嘗不是很好的制度，但是，早期監察委員係由省市議會間接選舉產生，因而隨著金權政治及政黨政治的惡化，使得監委喪失了應有的公正性及客觀性，致被冠上「只敢拍蒼蠅，不敢打老虎」的封號而淪為笑柄，是故於民國八十一年修憲時，將監委之產生方式作了徹底的改變，即直接由總統提名，而不再具有民意代表之身分，至此監察院亦變成了所謂的

「準司法機關」。因此在現行體制下，監察權或有可能
與立法權和司法權構成嚴密的統治機制，共同監督行
政權力之行使；亦即，對於行政官員而言，立法權可
追究其政治責任，監察權可追究其行政責任，及司法
權可追究其法律責任。

　　五權憲法體制的存在，亦引起了所謂內閣制與總
統制的爭議，不過，學者認為　國父所主張之五權憲
法明顯的是採行「總統制」[13]。因此，如我們所熟知
的，中華民國憲法大部分是參照德國一九一九年之威
瑪憲法體制所制定的，而威瑪憲法基本上又是被定位
為「內閣制」[14]，所以可看出現行中華民國憲法已背
離了　國父五權憲法的理念。然而，這樣的結果僅是
構成內閣制與總統制爭議的一小部分，真正的原因，
在於我國現行憲法（包括修憲之後）並非是屬於純粹
的內閣制[15]，且摻雜了總統制的要素於其內，所以標
榜著「依據孫中山先生創立中華民國之遺教」所制定
頒行的中華民國憲法，存在著體制上的混亂與理論上
的矛盾。

　　為此，從以上的論述不難瞭解，　國父之五權憲
法理論與現行中華民國憲法都有著亟待檢討之處，因
此，在朝野推動憲政改革之際，期望廢除五權憲法體

制而重新制定西方民主國家三權分立式之總統制或內閣制憲法的呼聲便油然而生了。

(二)現行憲政改革（修憲）的檢討

在國家好不容易結束長期之緊急狀態而邁向民主化社會之際，卻又因為朝野人士對改革問題的缺乏共識，而掀起了不斷的政爭。然而，現今之憲政改革確實已經建立了一個完善的體制，並且創造了有利國家永續發展的環境和條件嗎？以下，便就幾點意見來談論至民國八十九年四月為止的修憲結果：

■就修憲的方式而言

一般國家皆是採行直接修改憲法的方式為之，使得修憲的「明確性」能夠彰顯於憲法典之上；而「例外」者，則是美國之修憲是採行憲法增補的方式，將新增補的內容至於原有憲法典之後，「再依後法推翻前法之原則，新增補條文有效，被修改之條文形式上雖仍存於憲法典之上，卻已失去效力，僅具歷史意義而已」[16]。當然，我國憲法並未明文規定修憲的方式，所以在解釋上亦包括美國式之憲法增補。不過，誠如學者所指出的：「事實上，美國聯邦憲法之增修條文，

乃是以規定『人權典章』為主，輔以因應憲法變遷所
需條項，與憲法本文相需相成、互匡互輔」[17]，因此，
綜觀我國之修憲結果，之所以會採行憲法增補的方
式，不外是基於為了維護原有之「中華民國憲法」完
整性的考量，而與美國修憲所採行憲法增補的原理和
意義大相逕庭。但是，這樣的考量是否適當，實不無
疑義？惟我國修憲者卻昧於現實，期望透過憲法增補
之方式來保留原有的憲法以作為號召大陸人民的工
具，而忽略了憲政改革所欲追求的真正目標和本質，
使得這一連串之修憲讓人覺得「政治上」的意義大過
於「法律上」的意義。

■就政府的體制而言

　　我國究竟應該要採行「總統制」、「內閣制」或法
國現行之「雙重行政首長制」，經過了多次的修憲，一
直未得到政府明確的宣示。但是，從古至今，中國政
治之發展歷史一向是強調「人治」重於「法治」，所以
採取責任內閣制（即總統是虛位元首），似乎較能有效
地避免權力集中於一人所可能招致獨裁統治的危險
[18]，惟我國目前的現制雖非是屬於完全的內閣制，但
是在性質上，基本上是偏向內閣制，況且總統亦有緊

急處分權可應付兩岸關係所可能產生的變局，因此，若欲維持現狀亦非是不可接受的。然無論如何，吾人認為政府應該要明確的表明政府體制未來的發展方向，以杜絕人民對此問題之疑慮及所造成的不必要論爭。

■就國民大會的存在而言

　　本文先前已經闡述過　國父五權憲法理論的一些缺失，因此，即使將來我國之憲政發展仍然要走五權分治的路線，但是吾人認為至少「國民大會」必須要盡快地廢除，才能減緩其對政局所帶來的不穩定因素。對此，在八十九年四月的第六次修憲，為因應大法官會議第 499 號解釋對第五次修憲之國大延任案所作的違憲解釋及順應民意的壓力下，國民大會代表終於決定將國大虛級化，除為複決立法院所提憲法修正案、領土變更案及議決正、副總統彈劾案才特別集會外，相關權限則移交立法院行使，雖未完全達到廢除國大的目標，但此結果對於我國憲政體制亂象的解決，已向前邁出一大步矣，我們可由以下諸階段的變化觀察得知：

　　第一，原本，國民大會乃是因為中國地廣人稠實

施直接民權不易所創設出來代替人民行使參政權的產物，惟就台灣現行地理環境及人民的民主素養而言，國民大會實無再代表人民直接行使創制、複決權的必要和理由，否則在強調國民主權之餘，將導致「人民主權」（peuple）朝向「國民主權」（nation）倒退的結果。

其二，現今總統民選之後，國民大會的地位和功能已受到嚴重的動搖，尤其在第六次修憲國大自廢武功後，較重要者大概就剩行使「修憲複決權」而已了。是故，今日國民大會之存在實不具有太多的「正當性」。

其三，於現行的憲政運作中，由於國民大會權限縮減，且迄今一直未能行使重要的創制、複決權，因此國民大會遂有與立法院爭權的窘況發生，期望能擴張自己的權限與立法院相抗衡，以避免被淘汰的命運。尤其，在八十八年九月的第五次修憲，國大代表竟以「無記名投票」自行通過國大任期延任案（任期延長二十五個月至民國九十一年六月底），除嚴重違反人民賦予其正當行使職權的信託，引起全國民眾及輿論之譁然外，更使得主權「所有」與「行使」的分離現象，再度暴露無遺。

　　第四，在第六次修憲後，國民大會已不再擁有人事同意權，只在立法院提出憲法修正案、領土變更案及正副總統彈劾案時，才依比例代表制選舉產生。所以國民大會已變成一個非常設而屬任務性的機構，喪失了一般民主正當性的國會資格。

　　第五，對於司法院大法官與監察院（準司法機關）之人事同意權應可考慮交由國民直接審查（公民投票），如同日本之最高法院法官須由國民審查一樣，賦予司法權（特別是違憲審查權）制衡立法權之民意基礎，以落實國民主權之原則。對此，第六次修憲除把國大虛級化外，由於未考慮到將此等人事同意權交由國民直接行使的意義及重要性，故於此等人事同意權轉由立法院行使的情況下，將來是否會發生立委參考國大因延任案被大法官解釋違憲而挾怨報復（即於憲法增修條文中增訂不准大法官適用終身待遇之規定）的情形，則有待日後的驗證了。

　　其六，由於「修憲複決權」目前仍係掌握在國民大會之手，使人民對於修憲結果仍毫無直接置喙之餘地，因此不管日後國民大會仍否存在，應修改憲法規定，將「修憲結果確認權」置於人民之手，亦即如同法國憲法第 89 條 2 項後段所定：「憲法修改案經由公

民投票複決認可後，始告確定」，及日本憲法第 96 條
1 項前段所定：「本憲法的修改，應經參眾議院議員總
數三分之二以上之議員提案，並得到國民的承認」，俾
使修憲機關不再獨攬關係國家憲政發展及影響人民基
本權利的修憲權，而讓人民自己藉由公民投票等方
式，來對國家機關之修憲結果加以確認，以貫徹國民
主權之基本精神。

■就修憲的次數而言

　　從民國八十年至八十九年四月間共進行了六次的
修憲工作，其頻率不可謂不頻繁。當初，主導修憲之
國民黨之所以會排斥制憲而選擇修憲，除了牽涉國家
統獨的問題外，亦是考慮到憲政秩序的「安定性」。然
而事實上如我們所看到的，作為國家根本大法之憲法
卻遭到不斷修改的命運而受到無情地跅傷和摧殘，更
造成朝野彼此間的嚴重對立和衝突，並付出了相當慘
痛的社會代價和成本。試問這樣的結果，豈是追求憲
政改革之道？此外，短短幾年之內憲法卻修改了六
次，實暴露出我國這幾次的修憲大業所欠缺地長遠計
畫和通盤考量。此外，關於修憲的內容，也未見有對
人民基本權利提供比以往多大的保障和重視，實不知

這幾次的修憲所欲追求的目的究竟為何？為此，這樣的情形若再不改善，則我國憲政秩序的安定性將被破壞殆盡，並使得作為「最高法規」的憲法將成為徒具虛名耳！

二、從主權在民與國際關係的省思

　　就主權而言，國家主權與國民主權實為一體的兩面，因此在今日強調憲政改革以落實國民主權之際，如果沒有一個完全獨立的國家主權或國家主權受到傷害，則國民主權之追求亦會受到一定程度的影響和限制；而這樣的情形，正是目前台灣處境的寫照[19]。然而，台灣雖然無法在國際間受到普遍的承認，但是台灣是否就不具有事實上的國家主權呢？從民國三十八年迄今，中華民國政府已於台灣地區實施了長達四十餘年的有效統治，因此若不承認中華民國是一主權獨立自主的國家，則於法理上是說不通的。換言之，台灣事實上已經獨立了將近半個世紀[20]。不過，在此須要特別澄清者，乃是所謂台灣事實上獨立之意義並非是為了追求台灣永遠獨立所提出來的主張，而僅是純

粹陳述這樣一個「客觀的」的歷史事實，如同前東、西德和現今之南、北韓一般，故強調之重心乃是在於台灣應享有平等受到尊重及參與國際性事務的國家主權，而與追求台灣民族獨立之台灣獨立運動沒有任何的實質關聯。所以海峽兩岸之雙方於將來要統一或分裂，基本上是屬於另一個層次的問題。當然，或許會有論者認為這樣的見解與宣示台灣獨立又有何不同？不過，吾人認為台灣「事實上」獨立之見解的確立，在「現階段」上具有著二點作用：

1. 不明言宣佈台灣獨立，暫時就不會牽涉「永久性」的統獨問題，可減緩當前兩岸關係的緊張和對峙。

2. 有助於憲政改革的推動，不會因為統獨所造成之國家主權問題，而影響國民主權的追求。

是故，如此作法之最終目的，乃是期望能把「統獨問題」置於國家憲政改革大業完成至相當程度之後，屆時人民如果想要國家統一，則可藉由憲政改革之成就來增加我方談判的地位和籌碼；反之，如果要追求國家的分裂，亦可藉由憲政改革之成就增強台灣於國際社會上發言的聲音和力量。惟目前部分人士卻

汲汲於透過台灣獨立來達到國家主權和憲政改革一體
的解決，似乎是不顧國際政治環境的現實而過於理想
化。所以就當前形勢而論，既然作為主權對外側面的
「國家主權」無法得到國際社會的承認（但不放棄追
求），那就更應該要先從作為對內側面之「國民主權」
著手，來滿足人民追求自由、民主的部份需求！

　　再者，在九〇年代之後的國際社會，由於蘇聯及
東歐共產主義國家體制的瓦解，而致世界政經情勢之
發展呈現著一番全新的風貌，尤其歐洲統合的快速推
進，使得歐盟各會員國本身也必須修正相關的法律制
度加以配合，當然，這其中也牽涉到憲法的修改；惟
除了歐洲之外，位處亞洲之日本也於多年前因為受到
波斯灣戰爭的影響而為了提升其在國際間的活動和地
位，遂出現了要求修正憲法有關平和主義之規定以參
與所謂的「聯合國和平維持行動」（peacekeeping
operations of the UN, 簡稱 PKO）的爭議。故我國的憲
政改革處於這樣的世界脈動中，雖然各國修憲的用意
和動機皆有所不同，但總是可作為我們的借鏡和參
考，不過誠如學者指摘的：「特別對於支配階層而言，
憲法不僅成為自己支配的正統性根據，從當初更是成
為敵對物，而這樣的事情對於憲改問題而言，實具有

重要的意義」[21]；此外，「新自由主義的政策促成了民眾二極化的傾向，帶給了下層不良影響的結果。故為了應付不斷升高的社會不安，國家權威的強化就被要求了」[22]。所以在憲改之際，若欲減緩民眾對政府或民眾彼此間的衝突和對立，則不斷地溝通、協調和凝聚共識可謂是十分必要的。

註　釋

[1] 關於「台灣憲法草案」與「台灣共和國憲法草案」之條文，可參見陳隆志編，《台灣憲法文化的建立與發展》，前衛出版社，1996，頁 307-344。許世楷編，《世界各國憲法選集》，前衛出版社，1995，頁 397-420（此書只收錄「台灣共和國憲法草案」）。

[2] 洪泉湖，〈民族主義與少數民族分離運動〉，收錄於中華民國民族主義學會編，《民族主義論文集》，黎明文化事業股份有限公司，1993，頁 319。

[3] 在我國八十年間開始修憲之前，政府於七十九年六月間曾邀集了各方賢達及學者召開「國是會議」共謀憲政改革之道，其中關於制憲方面的討論則有著重要的評析：(1)如果制定台灣國憲法，即以一部永久性之憲法來取代現行憲法，雖可不受原有制度制約並依現實需要決定國家未來方向，但是可能引起統獨之爭及升高台海緊張關係，畢竟台灣國憲法之制定將導致台灣與中國大陸成為兩個完全互不相涉之獨立國家。(2)如果制定中華民國基本法，亦即仿照原西德之模式，而制定只適用於台灣地區但不放棄追求統一之基本法作為國家唯一、最高的根本大法，則對於國家之未來發展較富有彈性，且可降低統獨之爭的社會成本。參見陳必照等著，《當前憲政改革方案》，業強出版社，1992，頁 138、161。

[4] 李鴻禧，〈中華民國における立憲政の病理的分析〉，收錄於（蘆部信喜先生古稀祝賀）《現代立憲主義の展開（下）》，

有斐閣，1993，頁 859。

[5]許志雄、劉淑惠，〈國民大會的定位與存廢〉，收錄於陳必照等著，《當前憲政改革方案》，業強出版社，1992，頁 19。

[6]陳新民，《中華民國憲法釋論》，自版，1995，頁 359-360。

[7]李鴻禧，同註[4]，頁 860-861。

[8]關於兩院制，徹底的可說是一個歷史的產物。而其類型，大體上可分成「聯邦型」及「單一國家型」。前者係為了尊重構成聯邦之各州的獨立性或保障包含於其中的民族利益。後者則可依第二院的組織及性格再分成(1)貴族院型：以抑制代表平民的第一院勢力為目標；及(2)民選議院型：以防止第一院專制化的危險及作為第一院和政府對立時的仲裁……等為目的。故關於第二院議員的任期和選舉方式通常採取與第一院不同的形式。有關兩院制的形成背景、兩院關係的詳細說明，可參見阿部照哉、池田正章編，《憲法(4)統治機構》，有斐閣，1988，頁 25 以下。

[9]陳新民，同註[6]，頁 660。

[10]朱雲漢、江大樹，〈論考試院組織與職權之調整〉，收錄於陳必照等著，《當前憲政改革方案》，業強出版社，1992，頁 47。

[11]李鴻禧，同註[4]，頁 862。

[12]陳新民，同註[6]，頁 708-709。

[13]孫文學說第六章曾提及：由各縣人民投票選舉總統，以組織行政院；另建國大綱第 21 條更規定：在憲政開始時期，中央政府當完成設立五院以示行五院之治，五院院長皆歸總統任免而督率之。所以， 國父之五權憲法體制明顯的

是採行總統制。參見陳新民，同註[6]，頁 402。

[14]劉慶瑞，《中華民國憲法要義》，三民書局，1989，頁 136。
陳新民，同註[6]，頁 399。

[15]作為內閣制之特質，基本上有三點是必要的：(1)內閣是建
立在國會的信任之上，國會可以不信任投票令其倒閣。(2)
閣揆是由國會產生的。(3)行政權是由閣揆和內閣閣員共同
行使，集體政治責任。而非必要之點則為：(1)閣揆有權解
散國會。(2)閣揆任命閣員。(3)閣揆只是政府之首，而非國
家元首。(4)閣揆和閣員通常是兼任國會議員。參見陳必照
等著，同註[3]，頁 154 之有關總統制與內閣制特質比較的
表解。

[16]許宗力，《法與國家權力》，月旦出版社，1993，頁 403。

[17]李鴻禧，〈當前中華民國憲法三階段修憲之評析〉，收錄於
陳隆志編，《台灣憲法文化的建立與發展》，前衛出版社，
1996，頁 122。

[18]採行內閣制須有三項要素予以配合，亦即(1)須有健全的政
黨政治：黨政協調的運作支配了政治的脈動，任何議員只
要跨黨投票或違反黨紀就等於是宣告政治生命的結束。(2)
須有健全自主的文官體制：關於部務通常是由常務次長決
定，而部長只是代表內閣指導大政方針而已，如此一來任
何內閣的更迭不致影響行政體系的完整與自主。(3)須有一
套完整的選舉制度與選區劃分：以使國家的核心菁英能盡
在國會裡面。參見陳必照等著，同註[3]，頁 150-151。

[19]誠如學者許介鱗所言：退出聯合國後，雖然減弱了中華民
國作為主權國家的色彩，但是在社會中企業團體的勢力卻

顯著的伸長，越過了國家主權的範圍以追求其利潤。可是不管在台灣的「企業家社會」如何成長，由於中華民國在國際社會上不被認為是「主權國家」，因而對於個人或團體之企業活動皆產生了界限。故於現代的國際關係上，「主權國家」之存在是相當重要的，因為國際社會基本上乃是各個主權國家的集合。參見許介鱗，〈台灣における民主化試論〉，收錄於（蘆部信喜先生古稀祝賀）《現代立憲主義の展開（下）》，有斐閣，1993，頁698、700。

[20]學者王泰升指出：自一九四九年迄今在台灣事實上存在的這個主權國家，於國內法上，尚不認為以台灣為統治地域的政治權威擁有國家主權，例如所謂「大陸地區」及「台灣地區」的法律用語，依照法律邏輯，則在台灣地區是不存在一個獨立的國家主權，台灣與中國大陸之間的往來是一個主權內部的事務，不適用國際規則。參見王泰升，〈台灣歷史上的主權問題〉，《月旦法學雜誌》，9期，1996，頁11。

[21]三輪隆，〈戰後社會と改憲問題〉，收錄於樋口陽一編，《講座‧憲法學（別卷）戰後憲法‧憲法學と內外の環境》，日本評論社，1995，頁299。

[22]三輪隆，同註[21]，頁316。

第六章
結　論

　　關於國民主權這個觀念的確立，基本上可說是人類歷史進步的一大成就和表徵，尤其是在國民主權和人權密接之點上，更能見到其存在的意義和重要性。回顧國民主權的歷史觀之，最初它是經由和君主主權之政治體制的對抗，並且通常是透過革命等方式才逐步獲得實踐的，所以人類為了爭取自由和民主的到來，確實是付出了相當慘痛的代價和犧牲。惟令人遺憾的是，即使是在推翻了君主專制政體之後，大多數的人民仍未能得到真正的自由和解脫，亦即從近代市民革命以降迄現代為止，人民的權益仍不時的受到忽視和踐踏，面對這樣的情況，如何謀求改善或解決之道乃是強調或維護國民主權理念的當務之急，故吾人認為根本之工作便是必須要確保人民對「主權意識」

的強化，以使得人民能夠清楚地瞭解到「國民主權」
之真正面貌，並非僅是作為政治口號或政策宣示的意
識型態而已。為此，人民該當於主權的歸屬主體之餘，
避免歷史悲劇的不斷上演，乃是人類自己須不斷努力
奮鬥的終極目標。

　　而藉由法國的憲政史實來作為國民主權的說明
時，在學說上有著運用所謂的「國民主權」（nation）
與「人民主權」（peuple）的批判手法來表述在民眾階
級中之資產階級和勞動階級的對抗關係，雖然這樣的
方式有可能會被誤認為是屬於馬克思主義之流，但是
從科學分析的角度觀之，其並未存有任何追求共產主
義或無產階級專政等違反人權潮流的意味在內，只不
過是作為客觀地描述國民主權之歷史發展及演變的單
純法技術說明而已。於是基於「國民主權」的理解（尤
其是在純粹代表制之下），我們可以見到主權的所有
（在人民）和主權的行使（在國民代表）被分離的不
當事實，因此儘管於市民革命後樹立了國民主權的原
理，然大多數的人民在當時卻是被排除於政治參加之
外而由資產階級掌握了國家權力，所以實際上，把那
個時期之「國民」解為是抽象觀念存在的見解，並非
是無理由或勉強的。鑑於如此之弊端，而企圖藉由「人

民主權」原理的提倡來導正或追求實質的主權在民的落實，可說是具有相當特殊的用意，特別是「人民主權」強調「直接民主主義」的精神，使得人民能夠參與國家權力之行使並進而為國家意思的形成，達到主權之所有和行使合而為一的目的。

再者，就國民主權之自體而言，其不僅存在於實定法之內，亦存在於實定法之外，之所以如此，乃是在實定憲法中有關國民主權條項的規定，只不過是對於國民主權歸屬於國民的這個事實再一次地予以確認，故其非屬於「創設規範」而是屬於「確認規範」，因此國民主權原理有著優越實定憲法的位階，是故把國民主權提升至超實定法的「憲法制定權力」層次來加以說明，基本上是合乎論理法則的。此外，於國民主權之內則包含了兩個要素，一個是「權力性的契機」，即國民得為國家權力的行使，另一個則是「正當性的契機」，即國家權力最終的權威源自於國民；而就這兩個契機觀之，實可謂是在國民主權之內部中存在著「自由」和「民主」兩個側面。

至於，在國民代表的問題上，國民既然是國家權力的所有權人，則身為國會議員等之國民代表自然不能僭越國民對國家權力所能享有的支配及行使狀態，

否則國民主權豈不成為徒具形式或流於空談？因此，
國民代表與國民的關係應解為是屬於「委任」或「代
理」的關係，亦即國民得隨時終止其和國民代表的關
係，以追究不適任之國民代表的政治責任與法律責
任。而我國的大法官會議在近年來所為的幾個重要的
解釋中，亦就民意代表問題，表達了維護國民主權的
基本立場：

　　首先，在釋字第 401 號解釋（85.4.26）中便明白
地表示，民意代表不能以言論及表決免責權為由，來
限制或規避對選民應負的政治責任，因此國民大會代
表及立法委員於就任一定期間後，選民得就其言行操
守、議事態度、表決立場等予以監督檢驗而為罷免權
的行使，故選民提議罷免的理由自無限制的必要。

　　之後，釋字第 435 號解釋（86.8.1）也認為，立
法委員在院內行使與職權無關之行為，諸如蓄意之肢
體動作等，顯然不符意見表達之適當情節致侵害他人
法益者，自不在憲法第 73 條言論免責權保障之列，且
司法機關為維護社會秩序及被害人權益，於必要時亦
非不得依法行使偵審之權限。

　　而具有更重要憲政意義的，乃是大法官對國大延
任案所作的釋字第 499 號違憲解釋（89.3.24）；吾人對

此實應該給予極高度的評價，因為此號解釋實具有明白及強烈遏阻民意代表不尊重國民付託或逾越權限之不當傾向的重要意義！而此號解釋提示的重點，約有：

1. 憲法根本規範不得動搖：我國憲法雖未明定不可變更之條款，然憲法條文中，諸如：第 1 條所樹立之民主共和國原則、第 2 條國民主權原則、第二章保障人民權利、以及有關權力分立與制衡之原則，具有「本質之重要性」，亦為憲法基本原則之所在。國民大會為憲法所設置之機關，其具有之職權既為憲法所賦予，亦應受憲法之規範。

2. 不得採無記名投票進行修憲：國民大會依修改憲法程序制定憲法增修條文，須符合公開透明原則，並應遵守憲法第 174 條及國民大會議事規則之規定，俾符全國國民之合理期待與信賴。蓋基於「國民主權」原則，國民主權必須經由國民意見表達及意思形成之溝通程序予以確保。易言之，國民主權之行使，表現於憲政制度及其運作之際，應公開透明以滿足理性溝通之條件，方能賦予憲政國家之正當性基礎。

　　而修憲乃直接體現「國民主權」之行為，依國民大會歷經之修憲，未有使用「無記名投票」之先例，此亦屬上開原則之表現。此外，現代民主國家固多採自由委任而非強制委任，即民意代表係代表全國人民，而非選舉區選民所派遣，其言論表決對外不負責任，原選區之選民亦不得予以罷免，但非謂民意代表行使職權因此全然不受公意或所屬政黨之約束，況且我國憲法明定各級民意代表均得由原選舉區罷免之（憲法第 133 條），與多數歐美國家皆有不同，就此而言，亦非「純粹自由委任」，從而尚不能以自由委任作為其違背議事規則之明文規定採無記名投票之正當理由。

3.民意代表非有正當理由不得調整任期：按「國民主權」原則，民意代表之期限，應直接源自國民之授權，是以代議民主之正當性，在於民意代表行使選民賦予之職權須遵守與選民約定，任期屆滿，除有不能改選之正當理由外應即改選。所謂不能改選之正當理由，須與本院釋字第 31 號解釋所指「國家發生重大變故，事實上不能依法辦理次屆選舉」之情形相當。本

件關於國民大會代表及立法委員任期之調整，並無憲政上不能依法改選之正當理由，逕以修改增修條文方式延長任期，與首開原則不符。而國民大會代表之自行延長任期部分，於「利益迴避原則」亦屬有違，俱與自由民主憲政秩序不合。

對於上述大法官會議有關國民主權原則的表述，諸如涉及修憲的界限、民意代表的問題等，本書已在相關章節中予以大篇幅的探討，因此在學說理論與司法實務兩相參照之下，相信應能更有助於國民主權原則的理解與掌握。

復次，於制度層面上，直接民主制度的例外採行、地方自治的落實與政府資訊公開制度的建立，皆有助於主權在民理念的落實。不可否認的，以現代國家之規模要想實行完全的直接民主政治，基本上是存在絕對困難且容易流於理想化，不過，這並非就意味著於代議政體下不能採行部分的直接民主制度，此從現今許多國家的憲政體制中便能得到充分地明證，而作為最普遍之方式，則莫過於民眾對創制、複決權的行使，一方面人民可參與或監督國家權力的運作，另

一方面也可適度地反應民意的取向，因此例外地採行直接民主制更可改善「議會中心主義」所產生獨斷的弊端。至於地方自治的實行，除了具有維護民主和住民權益的作用外，更具有減緩或調和國家與人民發生緊張關係的功能，因為中央集權之體制凡事皆以國家利益為依歸，於是人民之意思和願望便經常地在如此的口實下受到漠視和犧牲，易生違反國民主權原理強調政治應以民意為依歸的結果，所以地方自治之要求乃是目前世界許多國家共同的潮流，因此藉由「團體自治」來建立垂直的權力分立體系，而藉由「住民自治」來確保住民對地方性事務的發言權，當可落實國民主權的理念。而在資訊公開方面，政府保有之資訊，本來就應該是屬於人民的，而透過此制度，不僅對政府機關能產生監督防弊的作用，更可提高人民參與政治的意願，健全民主政治的發展。另外，近年來新興的外國人參政權問題，由於傳統上是把國民解釋為具有本國國籍之人民，因此關於國民主權之行使便當然地排除外國人的適用，然而國民主權既然和人權具有密不可分之關係，則基於人權普遍化原理及人性尊嚴的法理，適度地保障該等外國住民之權益應該是無可厚非且有必要的。

　　故國民主權此一崇高的理念，必須配合「相關制度」的建立方能予以落實，否則將束之高閣而已。至於怎麼樣的制度方屬之？恐因各國國情之不同而存在著不同的考量。德國鑑於二次大戰時納粹獨裁的經驗，故現今已不再積極討論或納入人民投票的法制；但就其鄰國法國而言，因為存在著自法國大革命以來強烈的自由民族性，故迄今仍非常重視這種制度。因此對於我國近年積極採納外國民主憲政精神與制度觀之，恐因個人見解不同，對此等問題自然也會存在著差異。儘管如此，多元社會本就容許有各種不同的意見，基本上只要是能反映民意或維護民眾利益的制度，就是可行的制度。

　　最後，就我國當前的憲政改革而言，在對內的側面上，由於朝野人士對憲政之認知和要求的程度有所不同，因此不時地可見到雙方發生齟齬和摩擦的情形，而在對外的側面上，中共又一直藉由中國主權的問題及幾次的軍事演習來恫嚇台灣人民，使得人民多少在心理上可能產生政治安定優於憲政改革的保守傾向；故就這樣的結果觀之，難免對於我國的憲政改革大業和國民主權之追求有著不利的影響。然而，國家處境之艱難並非僅存於現在，畢竟在台灣的中華民國

業已屹立不搖矗立了四十多個年頭，所以回顧往昔篳路籃縷的歲月，我們更應該好好地珍惜如今所擁有的成就，所以，只有不斷地革新求進步才是國家的長治久安及生存之道。而在目前政府施政未盡完善且一般民眾又缺乏主動精神之際，介於此二者之中間團體（例如勞工團體、環保團體、社會福利團體、婦女團體等）反倒成為近年來推動社會改變的自覺力量，雖然該等團體之訴求或未能提供根本解決的途徑，但是至少其凸顯出社會問題之癥結所在，進而促使社會資源的分配及運用能更趨於合理化與多元化。故大體上，吾人認為這樣現象之發生應該是值得慶賀的，因為「從上改革」與「從下改革」之雙重力量的共同運作，實有助於「國家的供給面」與「民眾的需求面」早日達成均衡，而也唯有此一供需平衡點的出現，方能稱得上是國民主權的真正落實和到來！

參考書目

一、中文部分

中文參考書目及中、外文期刊論文請詳見各章註釋。

二、日文部分

1. （佐佐木博士還曆紀念）《憲法及行政法の諸問題》，有斐閣，1987。

2.（國家學會百年紀念）《國家と市民・第一卷》，1987。

3. （蘆部信喜先生古稀祝賀）《現代立憲主義の展開（下）》，有斐閣，1993。

4. Carl Schmitt 著、尾吹善人譯，《憲法理論》，創文社，1990。

5. 大隈義和，《憲法制定權の法理》，九州大學出版會，1988。

6.小林直樹，《憲法秩序の理論》，東京大學出版會，
　1986。

7.小林直樹，《憲法の構成原理》，東京大學出版會，
　1961。

8.山下威士，《憲法學と憲法》，南窗社，1987。

9.左藤幸治，《憲法》，青林書院，1994。

10.尾高朝雄，《法の窮極に在るもの》，有斐閣，1990。

11.杉原泰雄編，《講座・憲法學の基礎 1・憲法學基礎
　概念》，勁草書房，1989。

12.杉原泰雄編，《講座・憲法學の基礎 2・憲法學の基
　礎概念 II》，勁草書房，1990。

13.杉原泰雄編，《講座・憲法學の基礎 4・憲法思想》，
　勁草書房，1989。

14.杉原泰雄編，《講座・憲法學の基礎 5・市民憲法
　史》，勁草書房，1988。

15.辻村みよ子，《フランス革命の憲法原理》，日本評
　論社，1990，頁 401。

16.長谷部恭男，《權力への懷疑》，日本評論社，1993。

17.阿部照哉、池田政章編，《憲法（1）總論》，有斐
　閣，1988。

18.阿部照哉、池田正章編，《憲法（4）統治機構》，

有斐閣，1988。

19.室井力、原野翹編，《現代地方自治法入門》，法律
文化社，1990。

20.美濃部達吉，《日本國憲法原論》，有斐閣，1948。

21.宮澤俊義，《憲法》，有斐閣，1978。

22.徐龍達編，《定住外國人の地方參政權》，日本評論
社，1992。

23.浦田一郎，《シエースの憲法思想》，勁草書房，
1987，頁131。

24.針生誠吉、橫田耕一，《國民主權と天皇制》，法律
文化社，1983。

25.清宮四郎，《憲法Ⅰ》，有斐閣，1979。

26.清宮四郎，《憲法事典》，青林書院，1969。

27.善家幸敏，《法の根本問題》，成文堂，1988。

28.菅野喜八郎，《國權の限界問題》，木鐸社，1987。

29.越路正己，《現代憲法論》，敬文堂，1988。

30.樋口陽一編，《講座‧憲法學1‧憲法と憲法學》，
日本評論社，1995。

31.樋口陽一編，《講座‧憲法學2‧主權と國際社會》，
日本評論社，1994。

32.樋口陽一編，《講座‧憲法學3‧權利の保障Ⅰ》，

日本評論社，1994。

33.樋口陽一編，《講座‧憲法學 5‧權力分立Ⅱ》，日本評論社，1994。

34.樋口陽一編，《講座‧憲法學（別卷） 戰後憲法‧憲法學と內外の環境》，日本評論社，1995。

35.樋口陽一，《近代國民國家の憲法構造》，東京大學出版會，1994。

36.樋口陽一，《近代憲法學にとっての論理と價值》，日本評論社，1994。

37.樋口陽一，《現代民主主義の憲法思想》，創文社，1977。

38.橋本公亘，《日本國憲法》，有斐閣，1980。

39.蘆部信喜，《憲法制訂權力》，東京大學出版會，1987。

40.蘆部信喜，《憲法》，岩波書店，1994。

41.杉原泰雄、清水睦編，《憲法の歷史と比較》，日本評論社，1998。

42.松井茂記，《情報公開法》，岩波書店，1996。

43.畠基晃，《情報公開法の使い方》，中央經濟社，2000。

三、英文部分

1. F. H. Hinsley, *Sovereignty*, Cambridge University, 1986.

2. Robert A. Jones, *The Soviet Concept of Limited Sovereignty from Lenin to Gorbachev : The Brezhnev Doctrine*, Macmillan, 1990.

文化手邊冊　55

國民主權

作　　者／王志宏
出 版 者／揚智文化事業股份有限公司
發 行 人／葉忠賢
登 記 證／局版北市業字第 1117 號
地　　址／台北市新生南路三段 88 號 5 樓之 6
電　　話／(02)2366-0309　2366-0313
傳　　真／(02)2366-0310
網　　址／http://www.ycrc.com.tw
　E-mail　／book3@ycrc.com.tw
　I S B N　／957-818-405-0
印　　刷／偉勵彩色印刷股份有限公司
法律顧問／北辰著作權事務所　蕭雄淋律師
初版一刷／2002 年 8 月
定　　價／新台幣 200 元

國家圖書館出版品預行編目資料

國民主權＝People sovereignty／王志宏著. - -
初版. - -臺北市：揚智文化，2002〔民 91
〕
　　面：　公分. - -（文化手邊冊；55）
參考書目：面
ISBN　957-818-405-0（平裝）

　　1.民權　2.憲法－中國

571.9　　　　　　　　　　　　91008600